コミック版
世界の伝記
36

エカチェリーナ 2世

漫画：迎 夏生　監修：石井美樹子

JN242556

コミック版 世界の伝記 36

エカチェリーナ2世

目次《もくじ》

ためになる学習資料室《がくしゅうしりょうしつ》

※この作品は、歴史文献をもとにまんがとして再構成したものです。

登場人物紹介《とうじょうじんぶつしょうかい》

エカチェリーナ2世《せい》

ドイツの貴族《きぞく》の娘《むすめ》ゾフィーとして生《う》まれる。14歳《さい》でロシア皇太子《こうたいし》ピョートルのお妃候補《きさきこうほ》に選《えら》ばれてロシア帝国《ていこく》にわたり、エカチェリーナと改名《かいめい》してピョートルと結婚《けっこん》した。のちにクーデターを起《お》こしてロシア皇帝《こうてい》の座《ざ》についた。

ヨハンナ・エリーザベト

エカチェリーナの母《はは》。エカチェリーナとピョートルを結婚《けっこん》させるため、ロシア皇帝《こうてい》エリザベータと文通《ぶんつう》し、エカチェリーナの肖像画《しょうぞうが》を贈《おく》る。

エリザベータ

ロシア皇帝《こうてい》。ピョートルの叔母《おば》。エカチェリーナをロシア帝国《ていこく》に招《まね》く。ピョートルと結婚《けっこん》させ、後継者《こうけいしゃ》が生《う》まれることを期待《きたい》する。

ピョートル3世《せい》

ロシア皇帝《こうてい》エリザベータの甥《おい》で皇太子《こうたいし》。大《だい》のプロイセンびいきで、ロシア帝国《ていこく》をきらっている。

アレクセイ・ベストゥージェフ＝リューミン

ロシア帝国《ていこく》の宰相《さいしょう》。はじめはエカチェリーナと敵対《てきたい》するが、やがて国《くに》のために、エカチェリーナを支持《しじ》する。

エカチェリーナ・ボロンツォワ

皇太子妃時代《こうたいしひじだい》のエカチェリーナと出会《であ》って意気投合《いきとうごう》する。結婚後《けっこんご》はダーシコワ夫人《ふじん》とよばれ、クーデターにもかかわった。

グリゴリー・オルロフ

ロシア帝国《ていこく》の軍人《ぐんじん》。オルロフ兄弟《きょうだい》の次男《じなん》。クーデターの中心《ちゅうしん》となった近《この》衛《え》連隊《れんたい》に所属《しょぞく》し、エカチェリーナの支持者《しじしゃ》を集《あつ》める。エカチェリーナの恋人《こいびと》。

グリゴリー・ポチョムキン

ロシア帝国《ていこく》の軍人《ぐんじん》。オスマン帝国《ていこく》との戦争《せんそう》で総司《そうし》令官《れいかん》をつとめる。エカチェリーナの恋人《こいびと》。

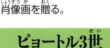

第《だい》1章《しょう》 ドイツの公女《こうじょ》

※世界《せかい》3大美術館《だいびじゅつかん》の
ひとつともいわれる
ロシアの至宝《しほう》
エルミタージュ美術館《びじゅつかん》

それは たったひとりの
女性《じょせい》のために
つくられた宮殿《きゅうでん》から
始《はじ》まりました

※いろいろな説《せつ》があるが、フランスのパリにあるルーブル美術館《びじゅつかん》、アメリカのニューヨークにあるメトロポリタン美術館《びじゅつかん》とならび、こうよばれることが多《おお》い

その女性《じょせい》とは
18世紀《せいき》のロシア皇帝《こうてい》
エカチェリーナ2世《せい》です

のちにロシア皇帝《こうてい》エカチェリーナ2世《せい》となるゾフィー・アウグステ・フリーデリケはドイツの下級《かきゅう》貴族《きぞく》の娘《むすめ》として生《う》まれました
一七三九年《ねん》※シュチェチン
先生《せんせい》
はい ゾフィーさま なんでしょう？
天地《てんち》創造《そうぞう》以前《いぜん》の宇宙《うちゅう》とはどんな状態《じょうたい》だったのですか？
……それは混沌《こんとん》の状態《じょうたい》でした
その混沌《こんとん》とはどういうものですか？
そ それは……

※現在《げんざい》のポーランド北西部《ほくせいぶ》の都市《とし》

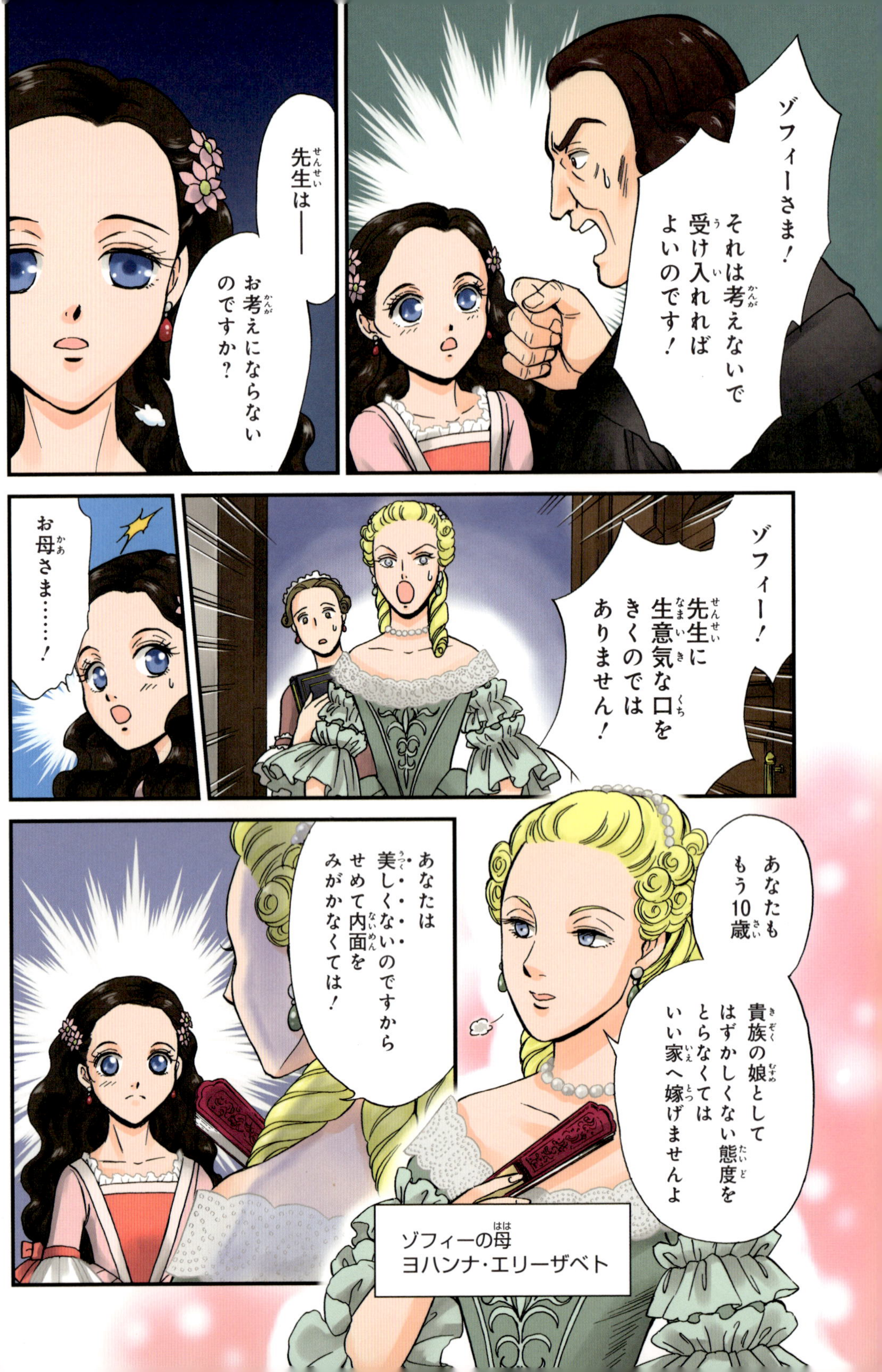

ゾフィーさま！
それは考《かんが》えないで受《う》け入《い》れればよいのです！
先生《せんせい》は――
お考《かんが》えにならないのですか？
ゾフィー！
先生《せんせい》に生意気《なまいき》な口《くち》をきくのではありません！
お母《かあ》さま……！
あなたももう10歳《さい》
貴族《きぞく》の娘《むすめ》としてはずかしくない態度《たいど》をとらなくてはいい家《いえ》へ嫁《とつ》げませんよ
あなたは美《うつく》しくないのですからせめて内面《ないめん》をみがかなくては！
ゾフィーの母《はは》
ヨハンナ・エリーザベト

ゾフィーさま……
お母《かあ》さまのおっしゃったことを気《き》にしてはいけませんわ
くるっ
バベ先生《せんせい》
私《わたし》は自分《じぶん》が美《うつく》しくないことわかっていますから
……あごがとがっておられるので後《うし》ろに引《ひ》くように注意《ちゅうい》なさるといいですよ
あっ はい
さあさあ！新《あたら》しいフランス語《ご》の本《ほん》をお持《も》ちしましたお勉強《べんきょう》しましょう
はい！
ゾフィーは外見《がいけん》を気《き》にするよりも本《ほん》を読《よ》み 教養《きょうよう》を身《み》につけることに熱心《ねっしん》でした

どうしたのだね ヨハンナ?
いいえ あなた 何《なに》も
ゾフィーの父《ちち》 クリスティアン・アウグスト
名門《めいもん》貴族《きぞく》出身《しゅっしん》の私《わたし》が こんな田舎《いなか》貴族《きぞく》の家《いえ》に 嫁《とつ》いだのが まちがいなのよ
夫《おっと》は22歳《さい》も年上《としうえ》の うだつのあがらない まじめなだけの軍人《ぐんじん》
私《わたし》の この美《び》ぼうが あれば 華《はな》やかな宮廷《きゅうてい》で もっともっと 輝《かがや》けるはずだわ!
ガラ ガラ ガラ
ヨハンナはゾフィーを連《つ》れて 親戚《しんせき》の宮廷《きゅうてい》に 出《で》かけるようになりました

わかっているわね？
あなたの将来《しょうらい》がかかっているのだから
おしとやかにしてかしこい娘《むすめ》に見《み》られるようにするのですよ
はいお母《かあ》さま
将来《しょうらい》……
つまり結婚《けっこん》できるかどうか……
結婚《けっこん》できなければ修道院《しゅうどういん》に送《おく》られるか
屋敷《やしき》の片《かた》すみでひっそりと老《お》いて死《し》ぬまで暮《く》らすしかないのだから
それに……
結婚《けっこん》して家《いえ》を出《で》て早《はや》くお母《かあ》さまから離《はな》れたい……
私《わたし》を愛《あい》してくれないお母《かあ》さまから……！

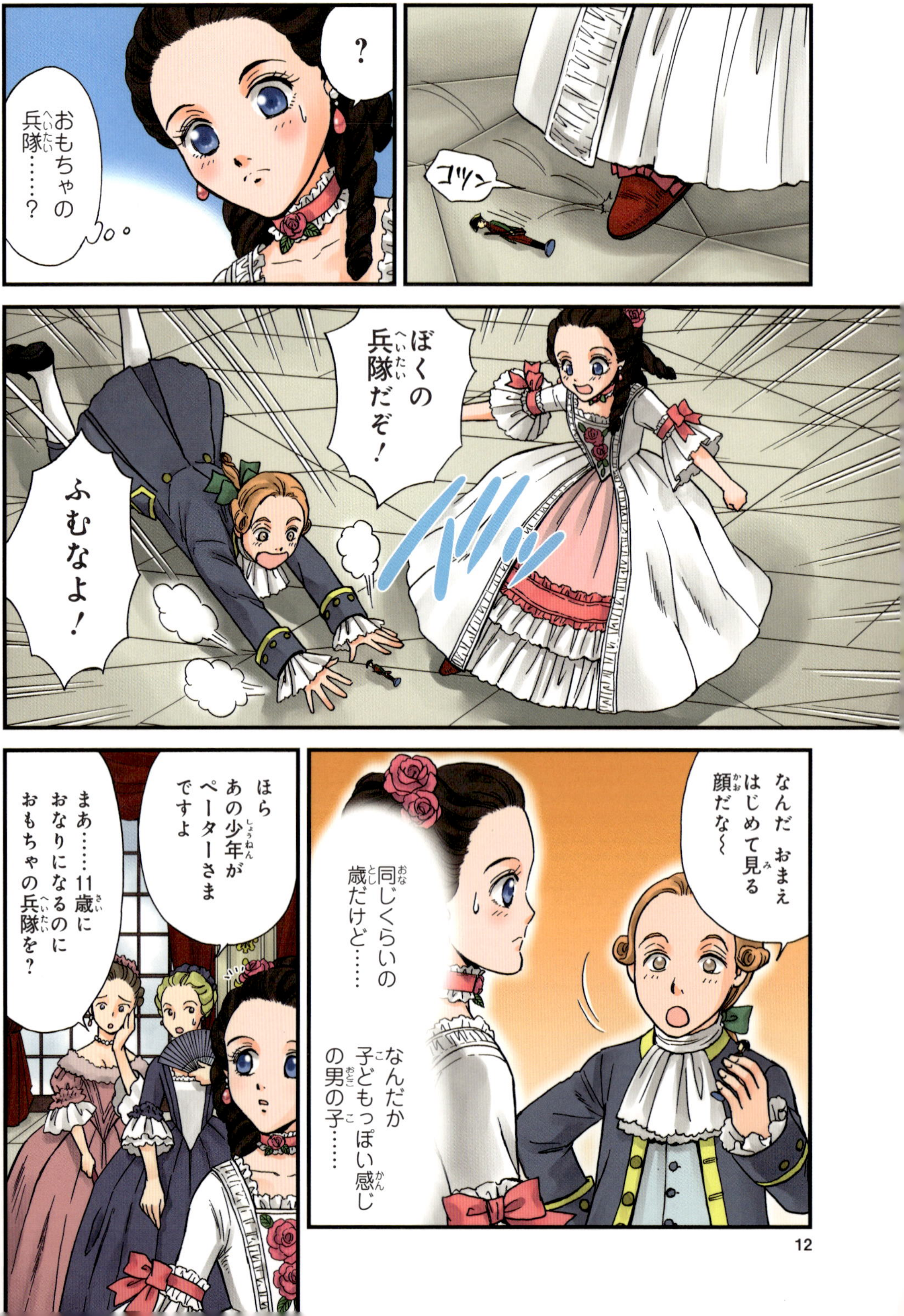
コツン
?
おもちゃの兵隊《へいたい》……?
ぼくの兵隊《へいたい》だぞ!
ふむなよ!
なんだ おまえ はじめて見《み》る顔《かお》だな～
同《おな》じくらいの歳《とし》だけど……
なんだか子《こ》どもっぽい感《かん》じの男《おとこ》の子《こ》……
ほら あの少年《しょうねん》がペーターさまですよ
まあ…… 11歳《さい》におなりになるのにおもちゃの兵隊《へいたい》を?

この子《こ》が
カール・ペーター・ウルリヒ
ホルシュタイン※公爵《こうしゃく》!?
たしかドイツの北《きた》のはしに住《す》む遠《とお》い親戚《しんせき》で……
スウェーデンの王位継承権《おういけいしょうけん》を持《も》っていて
しかもロシアのピョートル大帝《たいてい》のただひとりの孫《まご》！

ピョートル1世《せい》（在位《ざいい》一六八二年《ねん》～一七二五年《ねん》）
当時《とうじ》後進国《こうしんこく》とされていたロシア帝国《ていこく》を急速《きゅうそく》に発展《はってん》させ
“大帝《たいてい》”とよばれたロシア皇帝《こうてい》です
とがったあご！おもしろい顔《かお》だな！
あははは！
私《わたし》はゾフィーよ
あっそう 兵隊《へいたい》好《す》き？
えっ……その……
かっこいいだろ！
あらあら仲《なか》のいいこと♪

※一般《いっぱん》に知《し》られている5つの貴族《きぞく》の爵位《しゃくい》（公《こう》・侯《こう》・伯《はく》・子《し》・男《だん》）の1番目《ばんめ》

一七四一年《ねん》十一月二十五日《にち》
ピョートル1世《せい》の娘《むすめ》
エリザベータがクーデターを起《お》こし
わずか1歳《さい》の皇帝《こうてい》イワン6世《せい》と
その母《はは》で※摂政《せっしょう》の
アンナ・レオポルドブナを追放《ついほう》
みずから
帝位《ていい》につきました

32歳《さい》で皇帝《こうてい》となった
エリザベータは
結婚《けっこん》しておらず
子《こ》どもがいないため
ドイツ貴族《きぞく》に嫁《とつ》いだ
姉《あね》の息子《むすこ》を後継者《こうけいしゃ》として
ロシア帝国《ていこく》によびよせました
サンクトペテルブルク
ロシア帝国《ていこく》
キール
ホルシュタイン
それが あの
カール・ペーター・
ウルリヒ
だったのです

※幼少《ようしょう》の皇帝《こうてい》にかわって、政治《せいじ》をおこなう仕事《しごと》

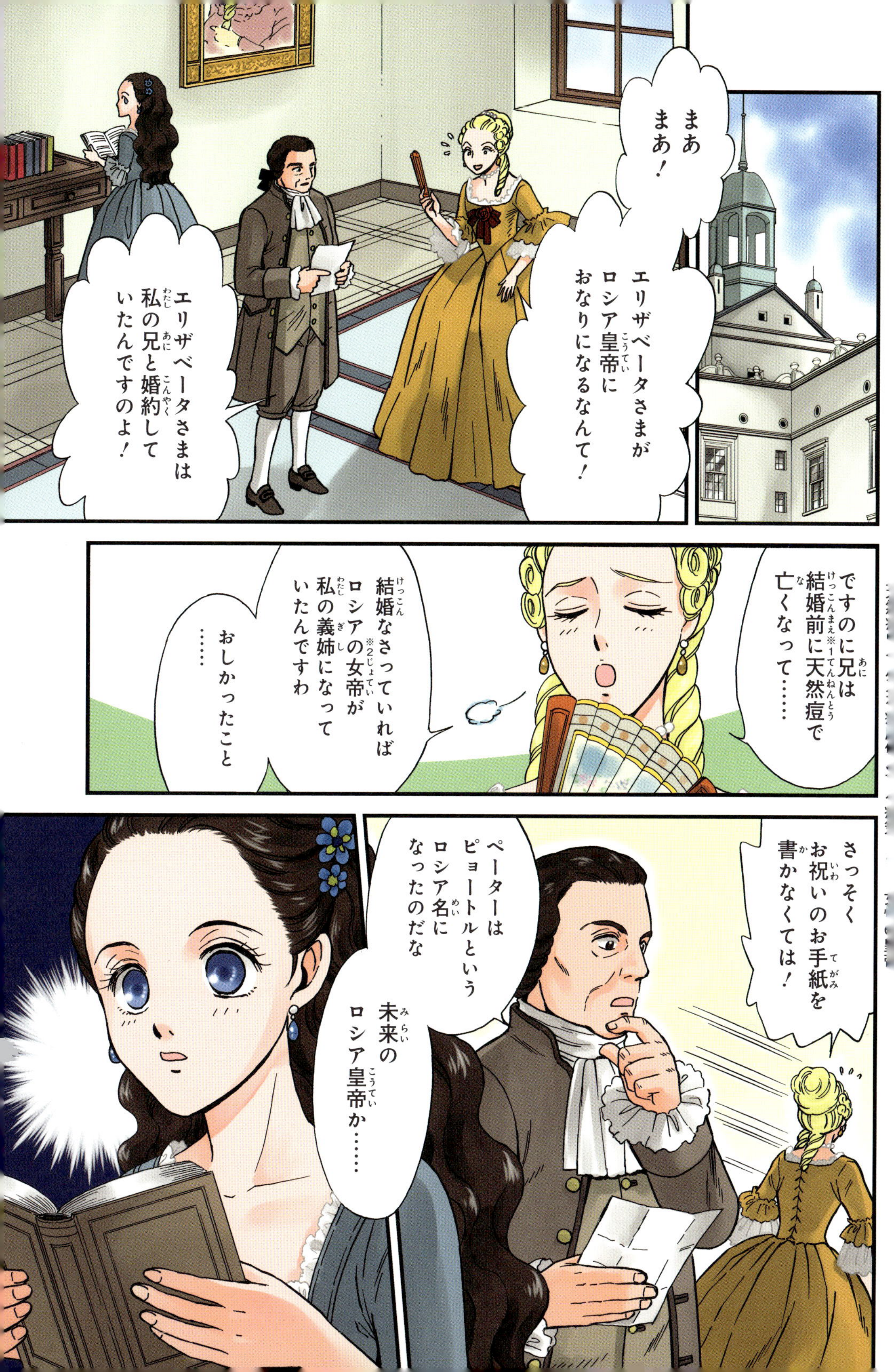

まあまあ！
エリザベータさまがロシア皇帝《こうてい》におなりになるなんて！
エリザベータさまは私《わたし》の兄《あに》と婚約《こんやく》していたんですのよ！
ですのに兄《あに》は結婚前《けっこんまえ》に※1天然痘《てんねんとう》で亡《な》くなって……
結婚《けっこん》なさっていればロシアの※2女帝《じょてい》が私《わたし》の義姉《ぎし》になっていたんですわ
おしかったこと……
さっそくお祝《いわ》いのお手紙《てがみ》を書《か》かなくては！
ペーターはピョートルというロシア名《めい》になったのだな
未来《みらい》のロシア皇帝《こうてい》か……

あの子《こ》と結婚《けっこん》したら……
私《わたし》はロシア帝国《ていこく》の皇后《こうごう》になれる!
ドキンッ
ヨハンナは皇帝《こうてい》エリザベータと文通《ぶんつう》を始《はじ》めゾフィーの肖像画《しょうぞうが》を贈《おく》りました
どうかゾフィーを気《き》に入《い》ってくれますように!
一七四四年《ねん》一月《がつ》一日《ついたち》ゾフィー 14歳《さい》の新年《しんねん》のことです
……ロシアから手紙《てがみ》が来《き》ました おまえを連《つ》れて会《あ》いに来《く》るようにと皇帝陛下《こうていへいか》がお望《のぞ》みなのです
ついに来《き》た!
ロシア帝国《ていこく》王座《おうざ》への招待状《しょうたいじょう》が!

ピョートルと結婚《けっこん》すると※1プロテスタントから※2ロシア正教会《せいきょうかい》に改宗《かいしゅう》させられることになるだろう
私《わたし》は反対《はんたい》だ……
大国《たいこく》の后《きさき》になれるなら改宗《かいしゅう》くらいなんです！
ゾフィーが皇太子妃《こうたいしひ》になることはプロイセン国王《こくおう》フリードリヒ2世《せい》陛下《へいか》のお考《かんが》えでもあるのですよ
プロイセン軍人《ぐんじん》だったあなたが断《ことわ》れますか？
う……
ゾフィー ロシアという政治《せいじ》の不安定《ふあんてい》な国《くに》に行《い》くのですから不安《ふあん》もあるでしょうが……
エリザベータさまと親《した》しい私《わたし》がついていますから安心《あんしん》なさい
私《わたし》には勇気《ゆうき》があります
何《なに》もかもうまくいくと感《かん》じていますわお母《かあ》さま
私《わたし》は かならずピョートルと結婚《けっこん》してみせる……！

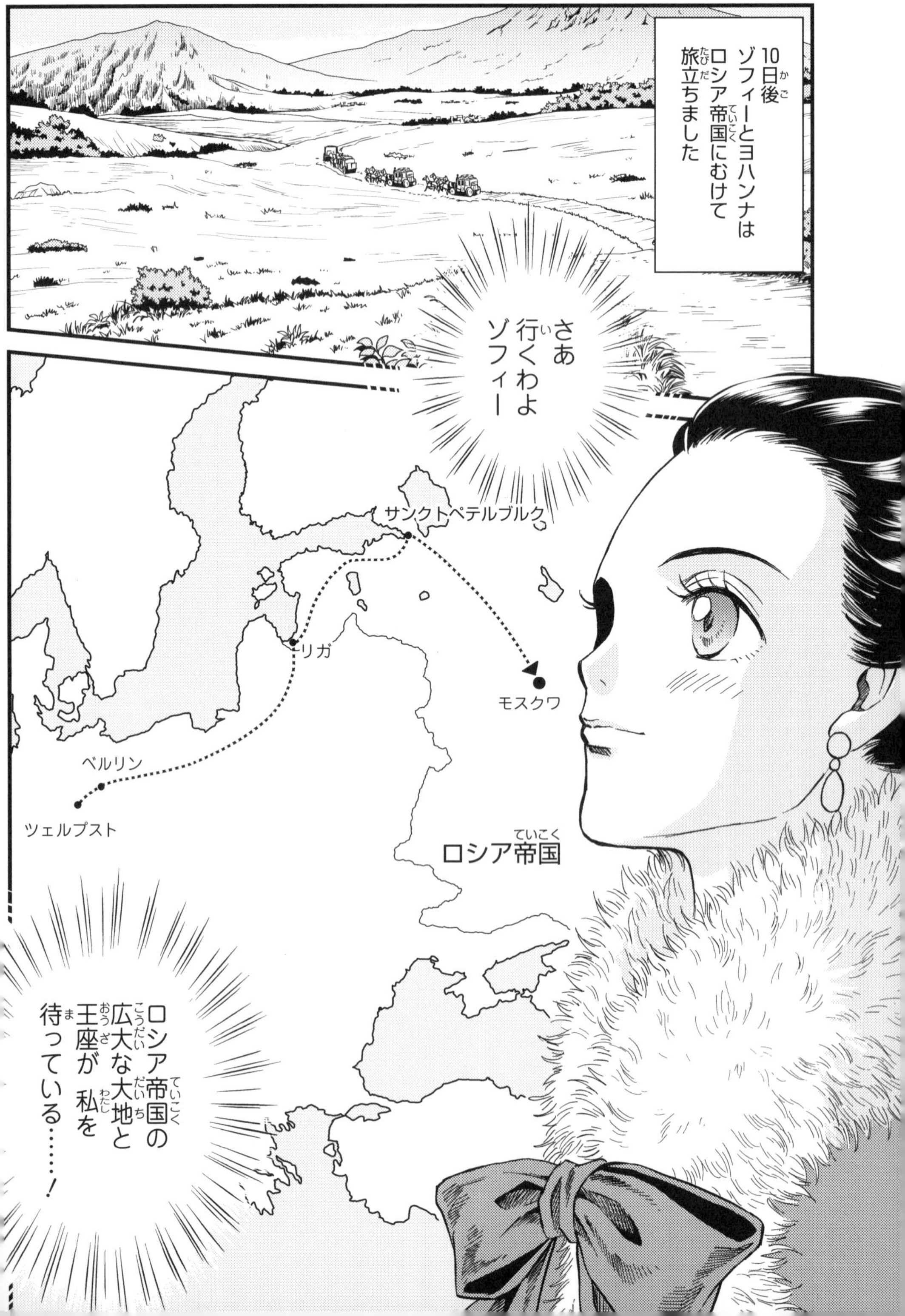
10日後《かご》
ゾフィーとヨハンナは
ロシア帝国《ていこく》にむけて
旅立《たびだ》ちました
さあ
行《い》くわよ
ゾフィー
サンクトペテルブルク
リガ
モスクワ
ベルリン
ツェルプスト
ロシア帝国《ていこく》
ロシア帝国《ていこく》の
広大《こうだい》な大地《だいち》と
王座《おうざ》が 私《わたし》を
待《ま》っている……!

※身分《みぶん》の高《たか》い人《ひと》に会《あ》うこと

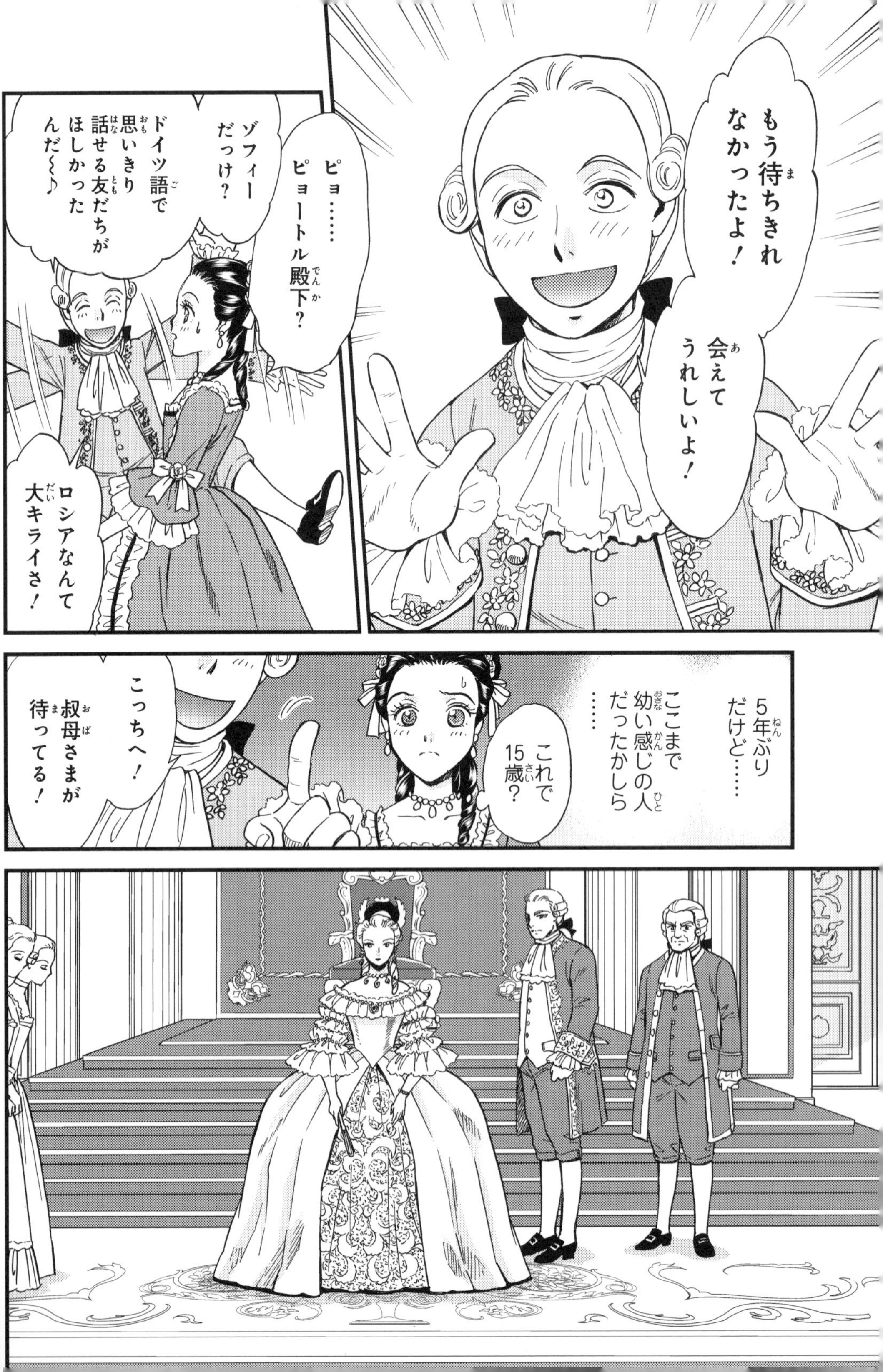

もう待《ま》ちきれなかったよ！
会《あ》えてうれしいよ！
ピョ……ピョートル殿下《でんか》？
ゾフィーだっけ？
ドイツ語《ご》で思《おも》いきり話《はな》せる友《とも》だちがほしかったんだ～♪
ロシアなんて大《だい》キライさ！
5年《ねん》ぶりだけど……
ここまで幼《おさな》い感《かん》じの人《ひと》だったかしら……
これで15歳《さい》？
こっちへ！
叔母《おば》さまが待《ま》ってる！

遠《とお》くから
よく来《き》ましたね
ヨハンナ公妃《こうひ》※1
ゾフィー公女《こうじょ》※2
エリザベータ
陛下《へいか》……！
なんて
威厳《いげん》に満《み》ちて
美《うつく》しい方《かた》……
ヨハンナさまは
私《わたし》の愛《あい》した方《かた》の
妹《いもうと》……
ゾフィー公女《こうじょ》は
私《わたし》の家族《かぞく》も
同然《どうぜん》です
陛下《へいか》……！
翌日《よくじつ》の ピョートル
16歳《さい》の誕生《たんじょう》を祝《いわ》う席《せき》で
ゾフィーとヨハンナは
聖《せい》エカチェリーナ勲章《くんしょう》を
授《さず》かりました
それは ロシア帝国《ていこく》で
女性《じょせい》に授《さず》けられる
最高位《さいこうい》の勲章《くんしょう》でした

※1 君主《くんしゅ》や身分《みぶん》の高《たか》い人《ひと》の妃《きさき》
※2 身分《みぶん》の高《たか》い貴族《きぞく》の家《いえ》の女《おんな》の子《こ》

ホホホ
これでゾフィーが皇太子妃《こうたいしひ》になるのは決《き》まったようなものですわ！
油断《ゆだん》はなりませんぞ！
副宰相《ふくさいしょう》※1のベストゥージェフはポーランドの姫《ひめ》を花嫁候補《はなよめこうほ》におしてきています
プロイセン大使《たいし》
マルデフェルト男爵《※2だんしゃく》
フランス大使《たいし》
ラ・シェタルディ侯爵《※3こうしゃく》

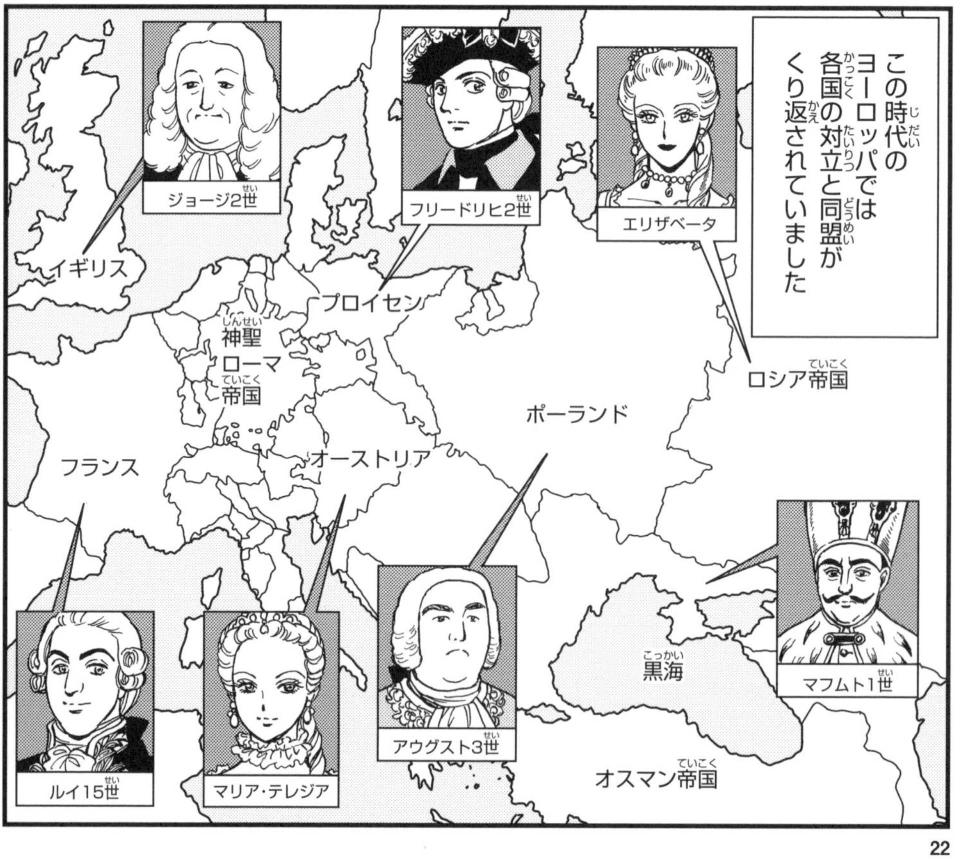
この時代《じだい》のヨーロッパでは各国《かっこく》の対立《たいりつ》と同盟《どうめい》がくり返《かえ》されていました
ジョージ2世《せい》
イギリス
フリードリヒ2世《せい》
プロイセン
エリザベータ
ロシア帝国《ていこく》
神聖《しんせい》ローマ帝国《ていこく》
ポーランド
フランス
オーストリア
黒海《こっかい》
オスマン帝国《ていこく》
マフムト1世《せい》
アウグスト3世《せい》
マリア・テレジア
ルイ15世《せい》

ロシア帝国《ていこく》の副宰相《ふくさいしょう》ベストゥージェフはオーストリア イギリスポーランドとの同盟《どうめい》を願《ねが》っていました
副宰相《ふくさいしょう》アレクセイ・ベストゥージェフ＝リューミン
一方《いっぽう》 フランス プロイセンはロシアとの同盟《どうめい》を望《のぞ》んでいました
ゾフィーの結婚《けっこん》はプロイセンとロシア帝国《ていこく》を結《むす》びつける 重大《じゅうだい》な使命《しめい》をになっていたのです
ベストゥージェフはおまえのあら探《さが》しをしているのだわ！
でも だいじょうぶ！私《わたし》が あの男《おとこ》を追《お》い出《だ》してみせますからね！
お母《かあ》さま……危《あぶ》ないことはしないでください
私《わたし》は皇太子妃《こうたいしひ》になるために努力《どりょく》するわ
私《わたし》の居場所《いばしょ》は私《わたし》の力《ちから》でつくってみせる
ロシアの人《ひと》に認《みと》められるためには
まず 私自身《わたしじしん》がロシア人《じん》にならなくては……！

※プロイセン国王《こくおう》フリードリヒ2世《せい》のこと

でも 私《わたし》は
あなたと結婚《けっこん》するの
あなたを
愛《あい》せるように
努力《どりょく》するわ……
ガタ
ガタ
ガタ
ガタ
あ……
なんですって！
ゾフィーが
※1肺炎《はいえん》!?
なぜ
そんなことに
なったのです!?
※2侍女《じじょ》に
よりますと
ゾフィー公女《こうじょ》は
毎晩夜中《まいばんよなか》に起《お》きて
ロシア語《ご》の勉強《べんきょう》を
なさっていたようです
ゾフィー！
しっかり
しなさい！
陛下《へいか》が
いらっしゃい
ましたよ！
ロ……ロシア語《ご》の
先生《せんせい》を……よんで……
今日《きょう》の授業《じゅぎょう》は
ま……まだ……

なんてけなげな子《こ》でしょう……
それほどまでにロシアを愛《あい》そうと……
この事件《じけん》は宮廷《きゅうてい》や町《まち》に広《ひろ》まりました
ご病気《びょうき》になるほどロシア語《ご》を勉強《べんきょう》なさるとは……
陛下《へいか》がご自身《じしん》で4週間《しゅうかん》も看病《かんびょう》なさったそうだ
ゾフィーさまは皇太子妃《こうたいしひ》にふさわしいお方《かた》ですわ！
病気《びょうき》から回復《かいふく》したゾフィーは一七四四年《ねん》六月《がつ》二十九日《にち》
ついにピョートルと正式《せいしき》に婚約《こんやく》することになりました
婚約式《こんやくしき》の前日《ぜんじつ》ゾフィーはロシア正教会《せいきょうかい》に改宗《かいしゅう》——
名《な》をエカチェリーナに改《あらた》めました

一七四四年十二月《ねんがつ》
エリザベータとピョートルたちの宮廷《きゅうてい》※1はモスクワからサンクトペテルブルクに移《うつ》ることになりました
その旅《たび》の途中《とちゅう》ピョートルは高熱《こうねつ》を出《だ》したおれてしまいます
ピョートルに会《あ》わせて！具合《ぐあい》はどうなの？
いけません！
エカチェリーナさまは先《さき》にサンクトペテルブルクに出発《しゅっぱつ》してください

ピョートルさまは……天然痘《てんねんとう》です
!!
※2天然痘《てんねんとう》は当時《とうじ》の医学《いがく》では治療《ちりょう》できず死亡率《しぼうりつ》の高《たか》い病気《びょうき》でした
ハァハァ
ピョートル……！

※1 君主《くんしゅ》と臣下《しんか》たちの集団《しゅうだん》のこと　※2 顔《かお》や手足《てあし》など、全身《ぜんしん》に発疹《ほっしん》ができ、あとが残《のこ》る

サンクトペテルブルクでは
エカチェリーナから
宮廷《きゅうてい》の人《ひと》びとが しだいに
離《はな》れていきました
もし
ピョートルが
死《し》んでしまったら……
私《わたし》は
なんの価値《かち》もない
ただのドイツ娘《むすめ》に
もどってしまうんだわ
2か月後《げつご》――
ピョートルは
生《い》きのびて
サンクト
ペテルブルクに
やってきました
タタタッ
ピョートル！
どんなに あなたの
無事《ぶじ》を祈《いの》ったか……
会《あ》いたかったわ！
ピョ……
！

ピクンッ
……
ぼくが わかる……？
は……はい ピョートル殿下《でんか》 ご回復《かいふく》…… おめでとう ございます
エカチェリーナが 婚約《こんやく》を破棄《はき》したいなどと 言《い》い出《だ》さないうちに 結婚《けっこん》の準備《じゅんび》を進《すす》めなさい！
はっ！
私《わたし》は ピョートルの顔《かお》が どうであろうと 気《き》にしないわ
私《わたし》は ロシア帝国《ていこく》の継承者《けいしょうしゃ》と 結婚《けっこん》するために 来《き》たのだから……！
エカチェリーナの 決心《けっしん》は 変《か》わりませんでした

※一七四五年八月《がつ》二十一日《にち》
カザン大聖堂《だいせいどう》で
ピョートルと
エカチェリーナの
結婚式《けっこんしき》がおこなわれました
エカチェリーナは
ついにロシア皇太子妃《こうたいしひ》──
ロシア帝国《ていこく》の皇族《こうぞく》になったのです

※現在《げんざい》のロシア連邦《れんぽう》サンクトペテルブルク市《し》にあるロシア正教会《せいきょうかい》の聖堂《せいどう》。現在《げんざい》の建物《たてもの》は、19世紀《せいき》のはじめに建《た》てられたもの

第《だい》2章《しょう》 ロシア帝国《ていこく》の皇太子妃《こうたいしひ》

一七四六年《ねん》五月《がつ》 サンクトペテルブルク 冬宮殿《ふゆきゅうでん》※1
ピョートルとエカチェリーナが結婚《けっこん》して8か月《げつ》たちます
いまだに子《こ》どもができないとはどういうこと!?
皇太子殿下《こうたいしでんか》は結婚前《けっこんまえ》と変《か》わらず兵隊遊《へいたいあそ》びに夢中《むちゅう》です
女優《じょゆう》や女官《にょかん》※2とふざけて遊《あそ》ぶことはありますが……
妃殿下《ひでんか》との仲《なか》はあまり よろしくないようで……
ピョートルには失望《しつぼう》したわ 皇帝《こうてい》になる器《うつわ》ではない……
ならば その子《こ》どもを後継者《こうけいしゃ》として育《そだ》てるしかない

※1 18世紀半《せいきなか》ばに建造《けんぞう》。冬宮《とうきゅう》ともいう。現在《げんざい》のエルミタージュ美術館本館《びじゅつかんほんかん》

今日《きょう》から チョグローコワ夫妻《ふさい》が おふたりのお世話《せわ》を いたします
えっ？
エリザベータは ピョートルとエカチェリーナの 親《した》しい側近《そっきん》や侍女《じじょ》を 宮殿《きゅうでん》から 追《お》い出《だ》してしまいました
宮殿《きゅうでん》から お出《で》になっては なりません 手紙《てがみ》を勝手《かって》に 書《か》くのも禁止《きんし》で ございます
女官長《にょかんちょう》じゃなくて 監視役《かんしやく》だわ
夫婦《ふうふ》をふたりきりに して 後継者《こうけいしゃ》づくりを 第一《だいいち》に考《かんが》えさせる ためでした
ウロ ウロ
しかし ピョートルは――
エカチェリーナを 友人《ゆうじん》としてしか あつかわず 妻《つま》としては 愛《あい》しませんでした

ピョートル
たまには ふたりで
庭園《ていえん》を お散歩《さんぽ》
しませんか？
私《わたし》は おまえより
女優《じょゆう》と遊《あそ》んでいる
ほうが楽《たの》しいんだ
おまえも誰《だれ》か
美男《びなん》を見《み》つけて
遊《あそ》んだらどうだ？
なっ……！
エカチェリーナは
おとなしい妻《つま》のような
態度《たいど》でいるけれど
心《こころ》の中《なか》では 私《わたし》を
ばかにしているのに
ちがいないんだ
自分《じぶん》のほうが
頭《あたま》がよくて 美《うつく》しいと
思《おも》っている
私《わたし》のことなど
愛《あい》しては
いないんだ！
ふたりの心《こころ》は
どんどん離《はな》れて
いきました
もう
つかれたわ……
ピョートルを
愛《あい》する努力《どりょく》を
続《つづ》けるのは……
さびしさを
まぎらわせようと
エカチェリーナは
読書《どくしょ》に熱中《ねっちゅう》しました
手《て》に入《はい》る
ロシア語《ご》の本《ほん》は
すべて読《よ》み
大好《だいす》きな
フランス語《ご》の本《ほん》も
たくさん読《よ》みました

一七五一年《ねん》
エリザベータは
3人《にん》の青年《せいねん》を
ピョートルの※近習《きんじゅ》に
任命《にんめい》しました
よろしくお願《ねが》いいたします妃殿下《ひでんか》
！
なんて美《うつく》しい方《かた》なのかしら……！
セルゲイ・サルトゥイコフ
まるで太陽《たいよう》のよう……

※主君《しゅくん》のそば近《ちか》くに仕《つか》える人《ひと》

エカチェリーナさま
お慕《した》いいたしております
セルゲイ……
エカチェリーナはサルトゥイコフと恋《こい》に落《お》ちました
陛下《へいか》よろしいのでしょうか？
見《み》て見《み》ぬふりをするのですよ
皇太子妃《こうたいしひ》が子《こ》を産《う》みさえすればいいのですから

妃殿下《ひでんか》……
ベストゥージェフ宰相《さいしょう》に私《わたし》のことを推《すい》せんしてくれないでしょうか？
わかったわ あなたが出世《しゅっせ》できるように話《はな》してみるわ
おお！妃殿下《ひでんか》のお願《ねが》いでしたら 私《わたし》は協力《きょうりょく》をおしみません
ベストゥージェフ！
反《はん》プロイセン派《は》のベストゥージェフは以前《いぜん》はエカチェリーナと敵対《てきたい》していました
今《いま》や妃殿下《ひでんか》はロシア人《じん》以上《いじょう》にロシア人《じん》らしく人気《にんき》もある
プロイセンびいきのピョートル殿下《でんか》より妃殿下《ひでんか》を味方《みかた》につけたほうがロシアのためになる
そして――
一七五四年《ねん》九月《がつ》二十日《はつか》
オギャア
オギャア
おめでとうございます！
※公子《こうし》のご誕生《たんじょう》でございます！
おお！

※貴族《きぞく》の家《いえ》の男《おとこ》の子《こ》

待《ま》って……
私《わたし》のぼうや……
私《わたし》が未来《みらい》の皇帝《こうてい》をしっかり育《そだ》てるわ！
エカチェリーナの産《う》んだ子《こ》はパーベルと名《な》づけられました
エカチェリーナはパーベルにほとんど会《あ》うこともできず母子《ぼし》としての愛情《あいじょう》は失《うしな》われていきました
出産《しゅっさん》から17日後《にちご》――
サルトゥイコフはエリザベータの命令《めいれい》でスウェーデンに旅立《たびだ》ちました

エカチェリーナはますます読書《どくしょ》にのめりこみました
※1モンテスキュー
※2ボルテールの啓蒙思想《けいもうしそう》……
啓蒙思想《けいもうしそう》
それまでの古《ふる》い迷信《めいしん》や習慣《しゅうかん》 制度《せいど》などにとらわれず知識《ちしき》によって理性的《りせいてき》に ものごとをとらえようという考《かんが》えです
このような 新《あたら》しい合理的《ごうりてき》な考《かんが》えを政治《せいじ》に生《い》かせたらいいのに……
私《わたし》はロシアの帝位継承者《ていいけいしょうしゃ》を産《う》むという大役《たいやく》をはたした
パタン…
私《わたし》の地位《ちい》は確保《かくほ》された
もう耐《た》え忍《しの》ぶのはやめよう
私《わたし》は未来《みらい》のロシアの母《はは》……!

※1 フランスの啓蒙思想家《けいもうしそうか》。国《くに》の権力《けんりょく》を、立法《りっぽう》（国会《こっかい》）・行政《ぎょうせい》（内閣《ないかく》）・司法《しほう》（裁判所《さいばんしょ》）に分《わ》ける「三権分立《さんけんぶんりつ》」をとなえた

一七五五年《ねん》二月《がつ》
おおっ？
エカチェリーナではないか！
部屋《へや》に引《ひ》きこもっていたんじゃないのか？
ごきげんようピョートル殿下《でんか》
ビクッ

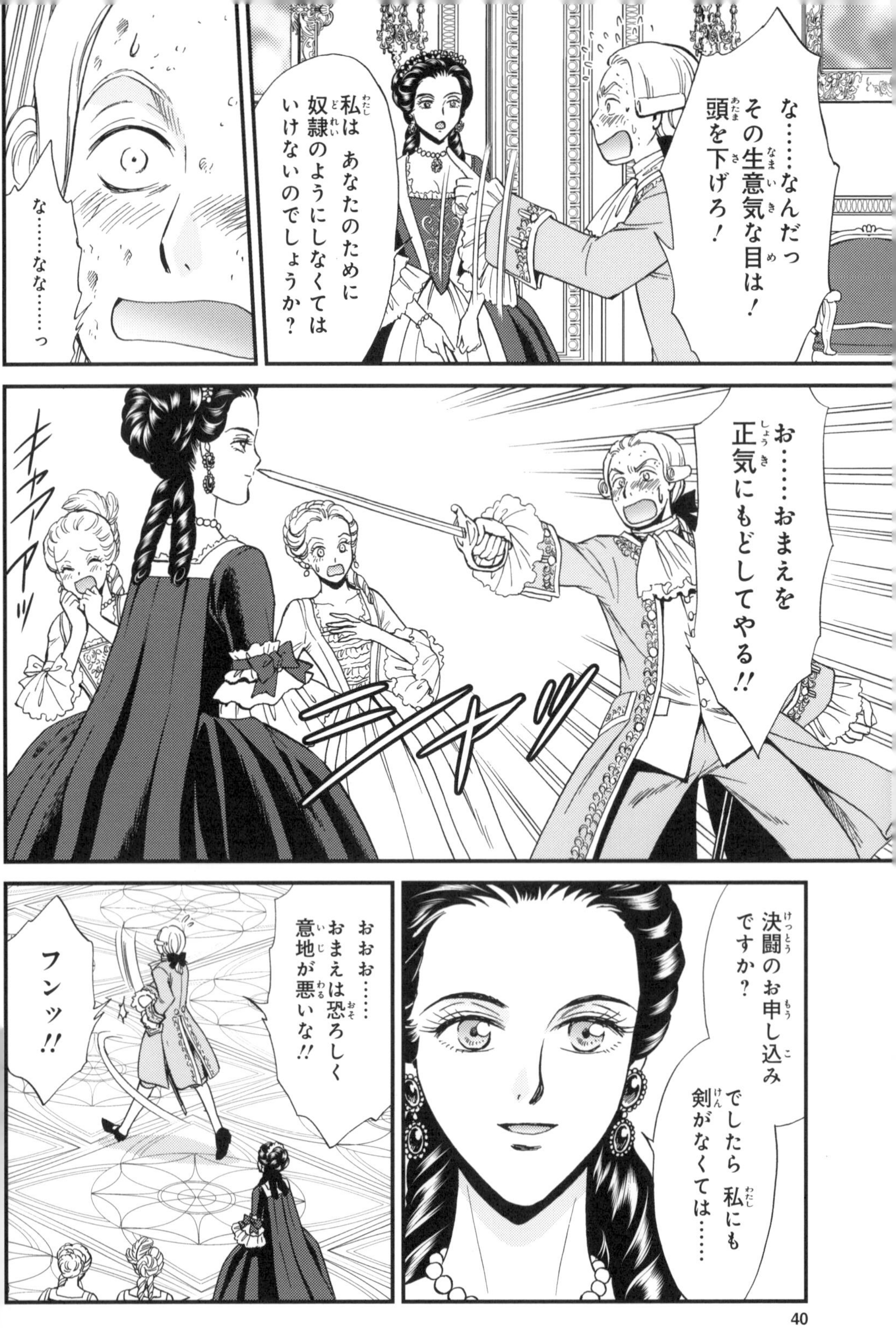
な……なんだっ その生意気《なまいき》な目《め》は！ 頭《あたま》を下《さ》げろ！
私《わたし》は あなたのために 奴隷《どれい》のようにしなくては いけないのでしょうか？
な……なな……っ
お……おまえを 正気《しょうき》にもどしてやる!!
キャアアッ
シャッ
決闘《けっとう》のお申《もう》し込《こ》み ですか？
でしたら 私《わたし》にも 剣《けん》がなくては……
おおお…… おまえは恐《おそ》ろしく 意地《いじ》が悪《わる》いな!!
フンッ!!

ザワ
ザワ
ヒソ
ヒソ…
ピョートルは ドイツの生《う》まれ故郷《こきょう》ホルシュタインから軍隊《ぐんたい》をよびよせました ロシア帝国《ていこく》に
ピョートルの避暑地《ひしょち》
※オラニエンバウム
前《まえ》へ——
進《すす》め——っ!!
おもちゃの兵隊《へいたい》で満足《まんぞく》できなくなったのか本物《ほんもの》の兵士《へいし》での軍隊《ぐんたい》ごっこに夢中《むちゅう》になりました
そして ロシア帝国《ていこく》の緑色《みどりいろ》の軍服《ぐんぷく》ではなくドイツの青《あお》い軍服《ぐんぷく》を着《き》てすごすようになったのです
ザッ
ザッ
ザッ

※現在《げんざい》のロシア連邦《れんぽう》サンクトペテルブルク市《し》にある町《まち》ロモノーソフの旧称《きゅうしょう》

一七五五年六月《ねんがつ》
エカチェリーナはイギリス大使《たいし》の秘書《ひしょ》であったポーランド貴族《きぞく》の青年《せいねん》と恋《こい》に落《お》ちました
スタニスワフ・ポニャトフスキ伯爵《※1はくしゃく》
ポニャトフスキは読書《どくしょ》が好《す》きでエカチェリーナは彼《かれ》と知的《ちてき》でおだやかな時間《じかん》を楽《たの》しみました
ロシアにこういう人《ひと》はいないわ
ホホホ
チッ！
ん？
んん〜〜〜？
おまえはエカチェリーナの侍女《じじょ》か？
それにしてはひどい ※2あばた顔《がお》だな！
ボコボコだ！

※1 一般《いっぱん》に知《し》られている5つの貴族《きぞく》の爵位《しゃくい》の3番目《ばんめ》

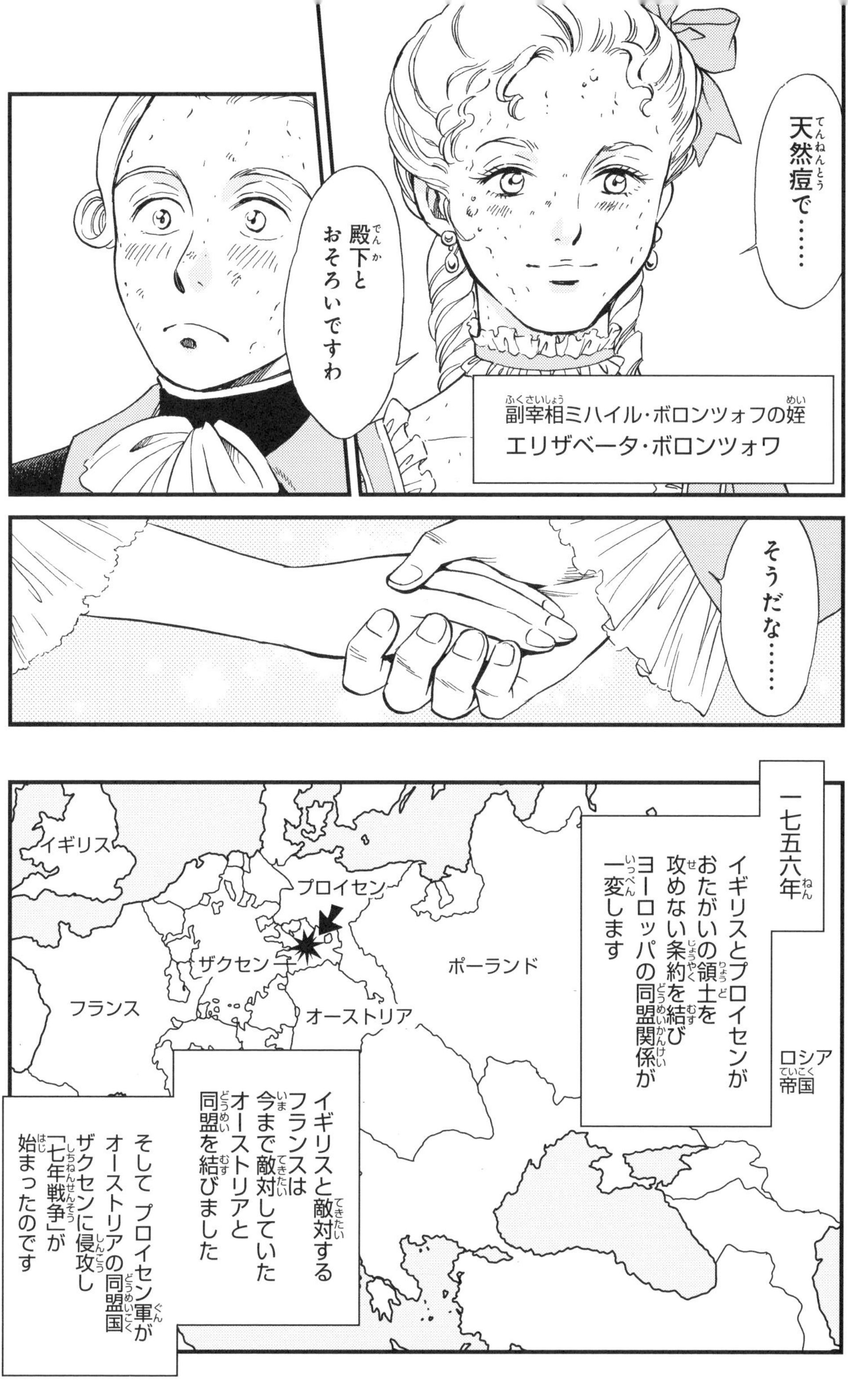

天然痘《てんねんとう》で……
副宰相《ふくさいしょう》ミハイル・ボロンツォフの姪《めい》
エリザベータ・ボロンツォワ
殿下《でんか》とおそろいですわ
そうだな……
一七五六年《ねん》
イギリスとプロイセンがおたがいの領土《りょうど》を攻《せ》めない条約《じょうやく》を結《むす》びヨーロッパの同盟関係《どうめいかんけい》が一変《いっぺん》します
ロシア帝国《ていこく》
ポーランド
プロイセン
ザクセン
オーストリア
フランス
イギリス
イギリスと敵対《てきたい》するフランスは今《いま》まで敵対《てきたい》していたオーストリアと同盟《どうめい》を結《むす》びました
そして プロイセン軍《ぐん》がオーストリアの同盟国《どうめいこく》ザクセンに侵攻《しんこう》し「七年戦争《しちねんせんそう》」が始《はじ》まったのです

47歳《さい》のエリザベータは病気《びょうき》がちになり 誰《だれ》もがロシア帝国《ていこく》の行《ゆ》く末《すえ》を心配《しんぱい》しはじめました
皇太子殿下《こうたいしでんか》は副宰相《ふくさいしょう》ボロンツォフと※1シュワーロフ一族《いちぞく》を味方《みかた》につけております
あのエリザベータ・ボロンツォワ嬢《じょう》はますます皇太子殿下《こうたいしでんか》と親《した》しくおなりです
もし 皇帝陛下《こうていへいか》がお亡《な》くなりになり皇太子殿下《こうたいしでんか》が即位《そくい》されたら私《わたし》は宰相《さいしょう》の地位《ちい》を追《お》われ――
ボロンツォワ嬢《じょう》は皇后《こうごう》になるでしょう
ですから その前《まえ》に※2皇太子殿下《こうたいしでんか》と妃殿下《ひでんか》の共同統治宣言《きょうどうとうちせんげん》をするのです
アプラークシン将軍《しょうぐん》パーニン伯爵《はくしゃく》など妃殿下《ひでんか》の味方《みかた》をする者《もの》たちの用意《ようい》は すでにできております
それは……
クーデターの計画書《けいかくしょ》……！

※1 皇帝《こうてい》エリザベータに重《おも》んじられていた貴族《きぞく》
※2 ふたり以上《いじょう》の人《ひと》が同《おな》じ国《くに》を治《おさ》めること

一七五七年《ねん》十二月九日《がつここのか》
エカチェリーナは
ポニャトフスキの子《こ》を
出産《しゅっさん》しました
エリザベータの
手《て》にわたった
その女《おんな》の子《こ》は
アンナと名《な》づけられ
ましたが――
15か月後《げつご》
ひっそりと
天《てん》に召《め》されました
一七五八年《ねん》
エカチェリーナは
ひとりの
変《か》わった少女《しょうじょ》に
出会《であ》いました
あら！
哲学書《てつがくしょ》※を
読《よ》んでいるの？
まあ！
ボルテール！
ひっ……妃殿下《ひでんか》!!
妃殿下《ひでんか》……
この娘《むすめ》は
あのボロンツォワ嬢《じょう》の
妹《いもうと》ですわ
わ……私《わたし》は
姉《あね》とは
ちがいます！
私《わたし》は妃殿下《ひでんか》を
尊敬《そんけい》しております!!
エカチェリーナ・ボロンツォワ
！
まあ
うれしいわ
私《わたし》の侍女《じじょ》に
ならない？
はいっ！
ふたりは啓蒙思想《けいもうしそう》を
支持《しじ》する者同士《ものどうし》として
友人《ゆうじん》になりました

※世界《せかい》や人生《じんせい》の根本的《こんぽんてき》な法則《ほうそく》を探究《たんきゅう》する学問《がくもん》の本《ほん》

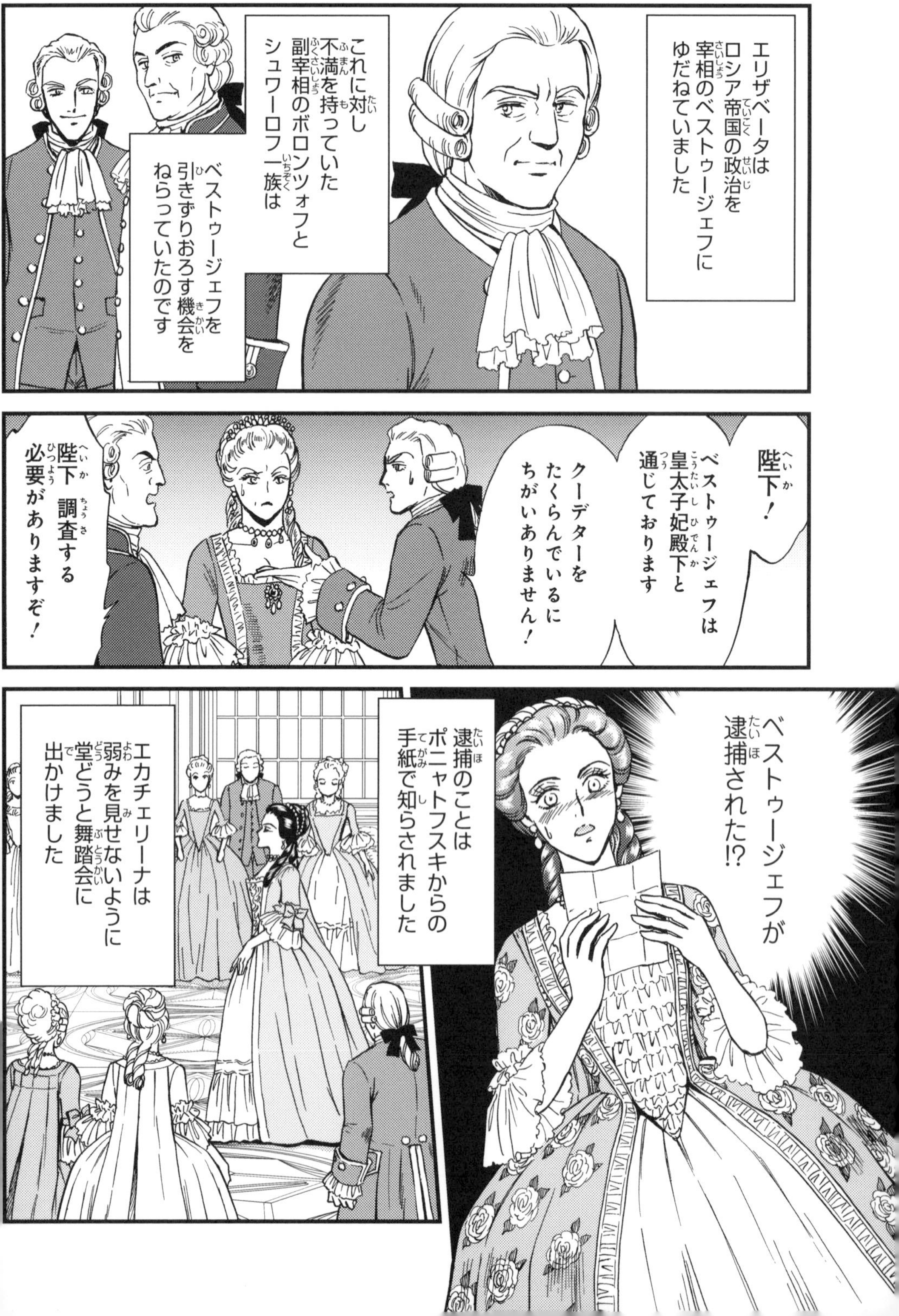

エリザベータはロシア帝国《ていこく》の政治《せいじ》を宰相《さいしょう》のベストゥージェフにゆだねていました
これに対《たい》し不満《ふまん》を持《も》っていた副宰相《ふくさいしょう》のボロンツォフとシュワーロフ一族《いちぞく》は
ベストゥージェフを引《ひ》きずりおろす機会《きかい》をねらっていたのです
陛下《へいか》！
ベストゥージェフは皇太子妃殿下《こうたいしひでんか》と通《つう》じております
クーデターをたくらんでいるにちがいありません！
陛下《へいか》 調査《ちょうさ》する必要《ひつよう》がありますぞ！
ベストゥージェフが逮捕《たいほ》された!?
逮捕《たいほ》のことはポニャトフスキからの手紙《てがみ》で知《し》らされました
エカチェリーナは弱《よわ》みを見《み》せないように堂《どう》どうと舞踏会《ぶとうかい》に出《で》かけました

失礼《しつれい》いたします
妃殿下《ひでんか》
ベストゥージェフ伯爵《はくしゃく》からの伝言《でんごん》でございます
・・・すべての書類《しょるい》は逮捕《たいほ》される前《まえ》に焼却《しょうきゃく》しましたのでご安心《あんしん》くださるように……と
おお……！
あのクーデターの計画書《けいかくしょ》もなくなったということだわ
私《わたし》も書類《しょるい》や手紙《てがみ》はすべて燃《も》やしてしまおう
陛下《へいか》は きっと私《わたし》もクーデターに加《くわ》わっているとおうたがいになっているにちがいない
直接《ちょくせつ》 お話《はな》し申《もう》し上《あ》げる機会《きかい》をつくらなくては……
カッ
カッ
カッ
エカチェリーナ！
劇場《げきじょう》に出《で》かけるのはゆるさんぞ！

馬車《ばしゃ》は使《つか》わせんぞ!
侍女《じじょ》を連《つ》れていくことも ゆるさん!
ピョートルは私《わたし》が 侍女《じじょ》としてボロンツォワ嬢《じょう》を連《つ》れていくのが気《き》にいらないのだわ
私《わたし》は歩《ある》いてでもひとりででも劇場《げきじょう》へ行《い》きます!
でも その前《まえ》に皇帝陛下《こうていへいか》にお手紙《てがみ》を書《か》いてうったえることにします
私《わたし》は夫《おっと》にきらわれ子《こ》どもは陛下《へいか》がお育《そだ》てになっており私《わたし》がこれ以上《いじょう》ロシアにいる意味《いみ》はありません 実家《じっか》に帰《かえ》らせてもらう おゆるしをいただきます!
ぎょっ
エカチェリーナは実家《じっか》に帰《かえ》るつもりなどありませんでした

これは賭《か》けだ
いつ私《わたし》も逮捕《たいほ》されるか わからない その前《まえ》に陛下《へいか》に 私《わたし》は被害者《ひがいしゃ》だと うったえるのだ……！
エカチェリーナ
あなたは ベストゥージェフと 何《なに》か計画《けいかく》をしていたと 聞《き》いています
ここにある 手紙《てがみ》を 知《し》っている のでは ないですか？
ベストゥージェフは もっとあると 言《い》っていますよ
ニヤニヤ
これは 罠《わな》だ……！
ベストゥージェフは すべて焼却《しょうきゃく》したと 言《い》っていた
ベストゥージェフが そんなことを 言《い》うはずは ありません
言《い》ったとすれば それは うそです
私《わたし》は 陛下《へいか》のご信頼厚《しんらいあつ》い ベストゥージェフと 親《した》しくいたしましたが ロシアのためと 考《かんが》えたからでございます

キッ
……!!
こ……この女《おんな》は私《わたし》の友人《ゆうじん》たちに意地悪《いじわる》なんだ!
私《わたし》は 殿下《でんか》に悪《わる》いことをすすめる者《もの》たちとは仲《なか》よくできません
こ……こ……この女《おんな》はガンコで生意気《なまいき》で
うぬぼれていて
かわいげがなくて——
ギャー
ギャー
ギャ
……… もういいわ やめましょう
あなたをドイツに帰《かえ》すことはしませんよ
あなたには もっと話《はな》したいことがありますからね
陛下《へいか》……!
ベストゥージェフは領地《りょうち》のひとつに追放《ついほう》され
ミハイル・ボロンツォフが宰相《さいしょう》になりました
しかし この事件《じけん》はそれ以上《いじょう》の捜査《そうさ》をされずに終《お》わりました

一七五八年《ねん》の夏《なつ》
ポーランドに帰国《きこく》……?
あなたと離《はな》れたくはありません
ですが……政府《せいふ》の要求《ようきゅう》です
ポニャトフスキとの3年間《ねんかん》の恋《こい》は終《お》わりました——
戦況《せんきょう》は……どうなっていますか……
プロイセンはまだ降伏《こうふく》しないのですか……
陛下《へいか》……
どうかお休《やす》みください
たとえ私《わたし》のダイヤモンドとドレスの半分《はんぶん》を売《う》らなくてはならないとしても——
戦争《せんそう》を続《つづ》けフリードリヒ2世《せい》を打《う》ち負《ま》かすのです!
もし陛下《へいか》がお亡《な》くなりになればピョートルが皇帝《こうてい》になる
そしてボロンツォワ嬢《じょう》を皇后《こうごう》にしたら——
私《わたし》は追放《ついほう》……最悪《さいあく》の場合《ばあい》は殺《ころ》されてしまう!

ピョートル殿下《でんか》は皇帝《こうてい》に不向《ふむ》きだと私《わたし》は考《かんが》えます
パーベルの教育係《きょういくがかり》
ニキータ・パーニン伯爵《はくしゃく》
パーベル殿下《でんか》が皇帝《こうてい》に妃殿下《ひでんか》が摂政《せっしょう》になられるのがよいかと……
いいえ
私《わたし》の考《かんが》えはちがう……
私《わたし》が皇帝《こうてい》になるのだ！
パーニン伯爵《はくしゃく》に続《つづ》けてエカチェリーナは力強《ちからづよ》い味方《みかた》を得《え》ます
※近衛連隊《このえれんたい》でたいへんな人気《にんき》を誇《ほこ》っていたオルロフ兄弟《きょうだい》です
長男《ちょうなん》 イワン
四男《なん》
フョードル
三男《なん》 アレクセイ
五男《なん》
ウラジミール
次男《じなん》 グリゴリー

※皇帝《こうてい》や皇族《こうぞく》を警固《けいご》する部隊《ぶたい》

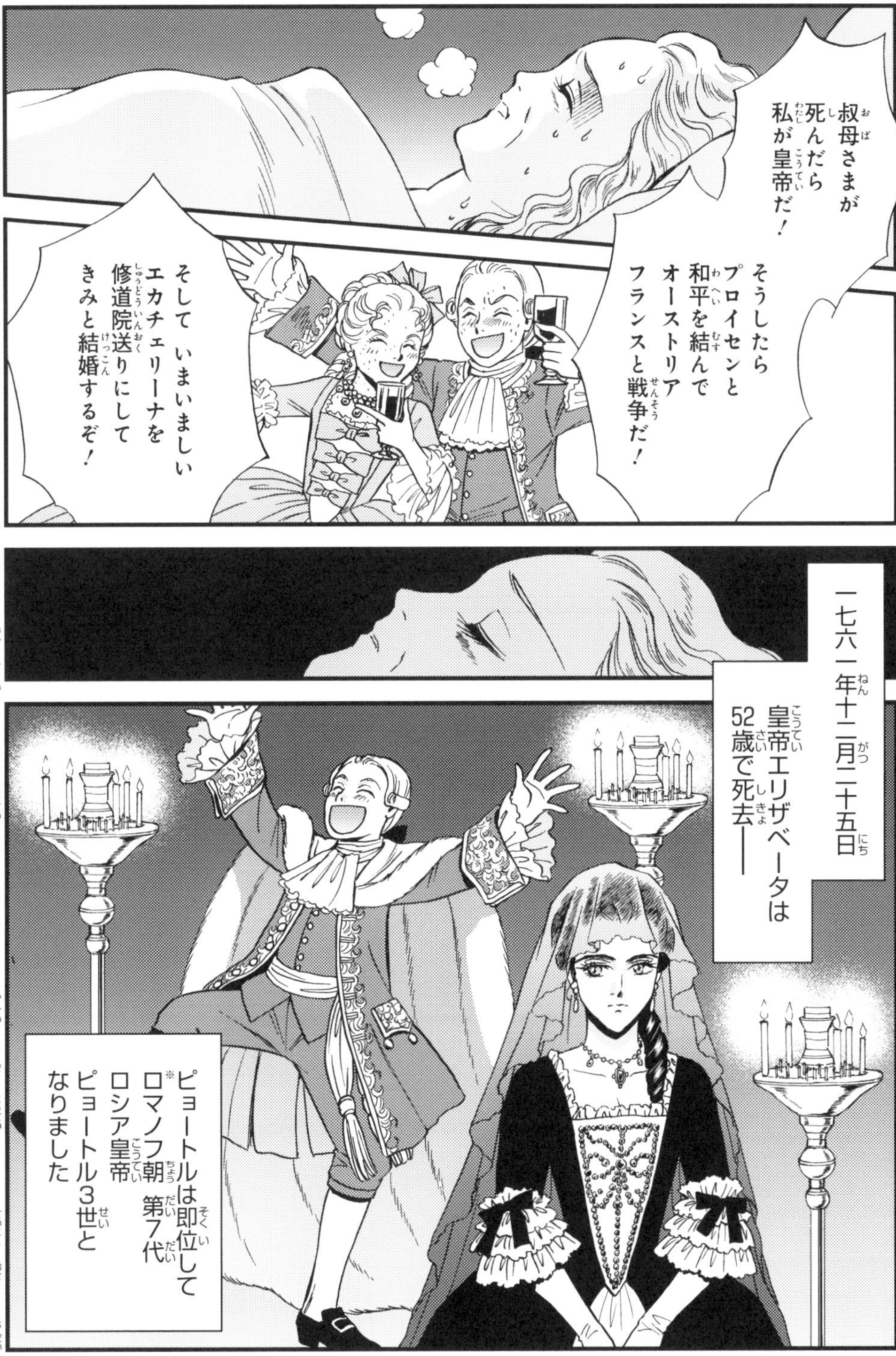
叔母《おば》さまが死《し》んだら私《わたし》が皇帝《こうてい》だ！
そうしたらプロイセンと和平《わへい》を結《むす》んでオーストリアフランスと戦争《せんそう》だ！
そしていまいましいエカチェリーナを修道院《しゅうどういん》送《おく》りにしてきみと結婚《けっこん》するぞ！
一七六一年《ねん》十二月《がつ》二十五日《にち》
皇帝《こうてい》エリザベータは52歳《さい》で死去《しきょ》——
ピョートルは即位《そくい》して※ロマノフ朝《ちょう》 第《だい》7代《だい》ロシア皇帝《こうてい》ピョートル3世《せい》となりました

※一六一三年《ねん》に即位《そくい》したロシア皇帝《こうてい》ミハイル・ロマノフの家系《かけい》から出《で》た皇帝《こうてい》が、ロシア帝国《ていこく》を治《おさ》めた時代《じだい》

第《だい》3章《しょう》 クーデター

プロイセンとの戦争《せんそう》は やめる！ すぐに軍《ぐん》を撤退《てったい》させる！
奪《うば》った領土《りょうど》も すべてプロイセンに 返《かえ》すのだ!!
それから 今《いま》より ロシア軍《ぐん》の軍服《ぐんぷく》は プロイセンと同《おな》じ 青《あお》い軍服《ぐんぷく》とする！
皇帝《こうてい》の 命令《めいれい》だ!!
もう勝《か》ったようなものだったのに 撤退《てったい》だと!?
ザワ ザワ ザワ
戦《たたか》って死《し》んだ仲間《なかま》は むだ死《じ》にだぞ！
なんで おれたちが プロイセンの軍服《ぐんぷく》を 着《き》なくちゃならない!?
なんという 屈辱《くつじょく》だ!!

一七六二年《ねん》二月《がつ》
ピョートルの誕生日《たんじょうび》
エカチェリーナは
ピョートルの命令《めいれい》で
ボロンツォワ嬢《じょう》に
聖《せい》エカチェリーナ勲章《くんしょう》を
授与《じゅよ》しました
聖《せい》エカチェリーナ
勲章《くんしょう》は 皇后《こうごう》と
皇太子妃《こうたいしひ》だけに
ゆるされる
ものなのに！
エカチェリーナ・ダーシコワ夫人《ふじん》
(旧姓《きゅうせい》 ボロンツォワ)
皇后陛下《こうごうへいか》は
気高《けだか》く
耐《た》えておられる……
ピョートルは
ロシア正教会《せいきょうかい》の財産《ざいさん》を
国《くに》のものとする
命令《めいれい》を下《くだ》しました
それから イコン※を
おがむなんて
原始的《げんしてき》なことは
禁止《きんし》する！
今度《こんど》 宮殿《きゅうでん》に
プロテスタントの
礼拝堂《れいはいどう》を
建《た》てるつもりだ
おお……
なんという
ことを……
皇帝《こうてい》は
正気《しょうき》とは思《おも》えない！

※キリストや聖母《せいぼ》などが描《えが》かれた聖画像《せいがぞう》

皇帝陛下《こうていへいか》のやることはめちゃくちゃだ！
軍《ぐん》の連中《れんちゅう》の不満《ふまん》は爆発《ばくはつ》しそうです！
そうですわ！今《いま》こそ行動《こうどう》すべきです！
まだ 今《いま》はだめです……
今《いま》は――……
この時《とき》エカチェリーナは妊娠《にんしん》していました
恋人《こいびと》になっていたオルロフ兄弟《きょうだい》のひとりグリゴリー・オルロフの子《こ》※でした
ピョートルが国《くに》を混乱《こんらん》させている間《あいだ》エカチェリーナはじっと耐《た》え――
ピョートルの評判《ひょうばん》が悪《わる》くなるほどエカチェリーナに同情《どうじょう》が集《あつ》まりました
四月《がつ》十一日《にち》
エカチェリーナはピョートルに気《き》づかれないようにグリゴリー・オルロフの子《こ》を産《う》みました

お早《はや》いご回復《かいふく》
お喜《よろこ》び
申《もう》し上《あ》げます
ええ ありがとう
ダーシコワ夫人《ふじん》
これで いつでも
行動《こうどう》できる！
四月《がつ》二十四日《にじゅうよっか》
ロシア帝国《ていこく》はプロイセンと
平和条約《へいわじょうやく》を結《むす》びます
その祝賀会《しゅくがかい》で
事件《じけん》は起《お》きました
皇帝《こうてい》ご一家《いっか》の
ご健康《けんこう》を祝《しゅく》して
乾杯《かんぱい》！
エカチェリーナ
なぜ 立《た》ち上《あ》がら
ないんだ？
皇帝一家《こうていいっか》とは
陛下《へいか》と皇太子《こうたいし》と
私《わたし》のことです
私《わたし》が立《た》つ必要《ひつよう》は
ないのでは？
カッ
ばか者《もの》!!

皇帝《こうてい》が皇后《こうごう》を
おおやけの場《ば》で
どなりつけるとは！
ザザッ
皇后陛下《こうごうへいか》には
なんの落《お》ち度《ど》も
ないのに
ロシアを愛《あい》する
皇后陛下《こうごうへいか》に対《たい》して
ひどいことを……!!
このことは
エカチェリーナと
ピョートルの不和《ふわ》を
国民《こくみん》に印象《いんしょう》づけました
エカチェリーナを
逮捕《たいほ》しろ！
私《わたし》を
ぶじょく
したんだ!!
それは……
今《いま》 逮捕《たいほ》すれば
ロシア軍兵士《ぐんへいし》の
はげしい怒《いか》りを
よぶでしょう
ガシャーン
くっ！
いまいましい
女《おんな》め!!
オルロフ兄弟《きょうだい》は
ロシア軍《ぐん》の中《なか》で
エカチェリーナの支持者《しじしゃ》を
集《あつ》めていました
皇帝《こうてい》は
エカチェリーナさまを
いつ逮捕《たいほ》しても
おかしくない
その前《まえ》に
エカチェリーナさまを
帝位《ていい》につかせよう！
クーデターか!?
あのプロイセンびいきの
裏切《うらぎ》り者《もの》のかわりに
エカチェリーナさまを
皇帝《こうてい》に！
おう！

その日《ひ》は近《ちか》い！
その時《とき》までにひとりでも多《おお》くの兵士《へいし》を味方《みかた》につけてくれ！
極秘《ごくひ》にだ！
まかせておけ！
オーーーッ
ロシア軍《ぐん》の誇《ほこ》りを取《と》りもどしエカチェリーナさまを皇帝《こうてい》にするんだ！

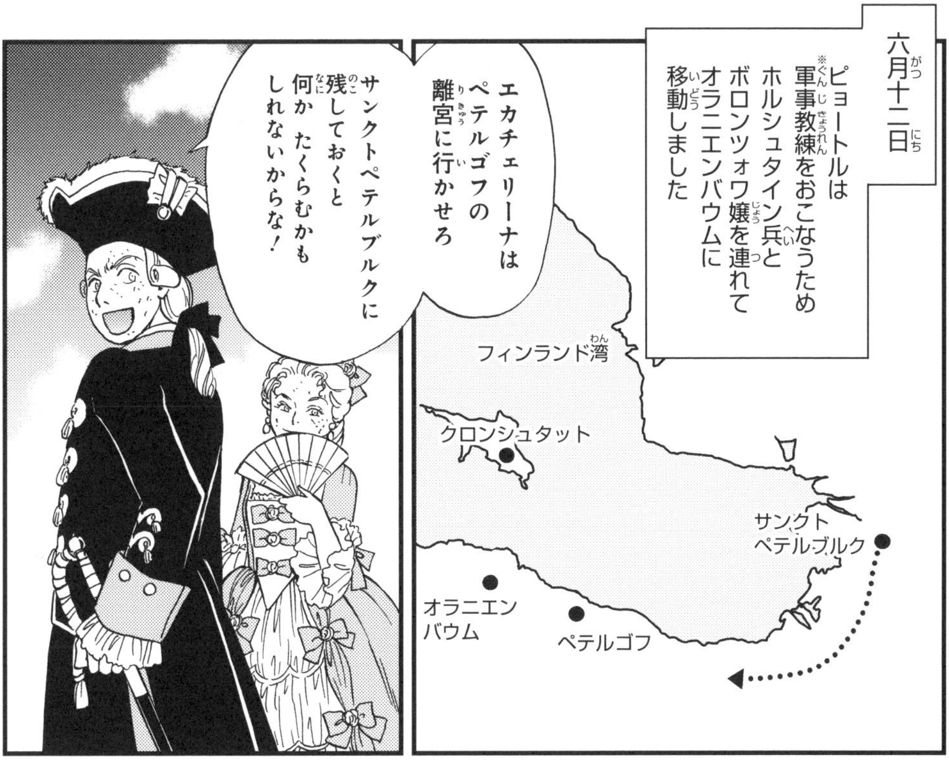
六月《がつ》十二日《にち》
ピョートルは※軍事教練《ぐんじきょうれん》をおこなうためホルシュタイン兵《へい》とボロンツォワ嬢《じょう》を連《つ》れてオラニエンバウムに移動《いどう》しました
エカチェリーナはペテルゴフの離宮《りきゅう》に行《い》かせろ
サンクトペテルブルクに残《のこ》しておくと何《なに》か たくらむかもしれないからな！
フィンランド湾《わん》
クロンシュタット
サンクトペテルブルク
オラニエンバウム
ペテルゴフ

※軍隊《ぐんたい》が戦闘力《せんとうりょく》を強化《きょうか》するための訓練《くんれん》

※君主《くんしゅ》のそばに仕《つか》える人《ひと》

六月《がつ》二十八日《にち》　朝《あさ》5時《じ》
ペテルゴフ
※モン・プレジール宮殿《きゅうでん》
皇后陛下《こうごうへいか》！
お起《お》きくださいませ！
アレクセイ・オルロフが来《き》ております！

※18世紀《せいき》にピョートル1世《せい》が建造《けんぞう》した夏《なつ》の宮殿《きゅうでん》

われらが母《はは》エカチェリーナ
時《とき》が来《き》ました
ついに
ついに
この時《とき》が来《き》た！
私《わたし》とともにサンクトペテルブルクにおいでください！
したくを！

エカチェリーナは宮殿《きゅうでん》をひそかに抜《ぬ》け出《だ》すとサンクトペテルブルクにむかいました
ガラガラ
ガラガラ
ガラガラ
ガラガラ
ガラガラ
エカチェリーナさま!
ドッ
エカチェリーナさまだ!
エカチェリーナさま!!

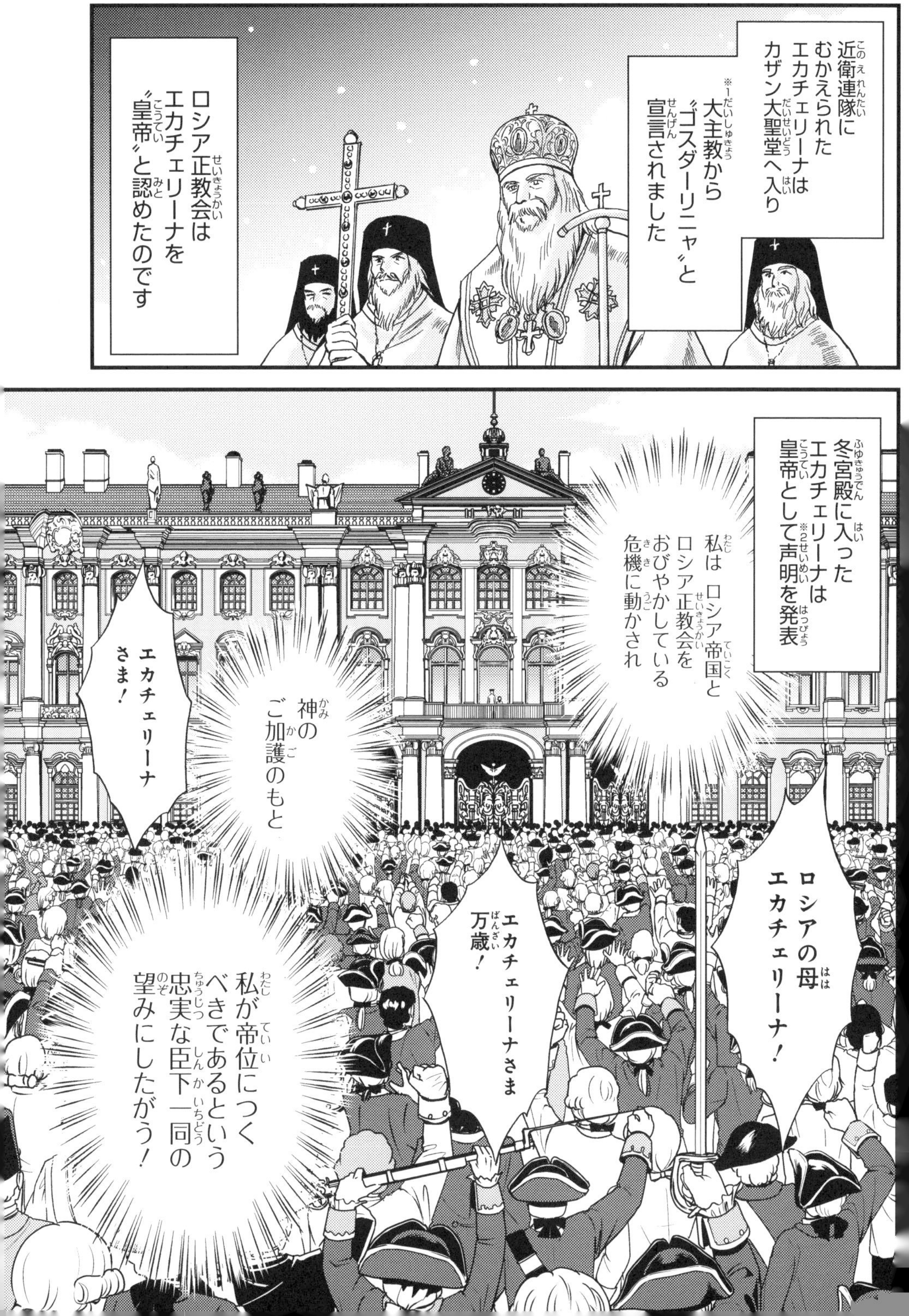

近衛連隊《このえれんたい》にむかえられたエカチェリーナはカザン大聖堂《だいせいどう》へ入《はい》り
※1大主教《だいしゅきょう》から〝ゴスダーリニャ〟と宣言《せんげん》されました
ロシア正教会《せいきょうかい》はエカチェリーナを〝皇帝《こうてい》〟と認《みと》めたのです
冬宮殿《ふゆきゅうでん》に入《はい》ったエカチェリーナは皇帝《こうてい》として※2声明《せいめい》を発表《はっぴょう》
私《わたし》は ロシア帝国《ていこく》とロシア正教会《せいきょうかい》をおびやかしている危機《きき》に動《うご》かされ
神《かみ》のご加護《かご》のもと
私《わたし》が帝位《ていい》につくべきであるという忠実《ちゅうじつ》な臣下《しんか》一同《いちどう》の望《のぞ》みにしたがう！
ロシアの母《はは》エカチェリーナ！
エカチェリーナさま万歳《ばんざい》！
エカチェリーナさま！

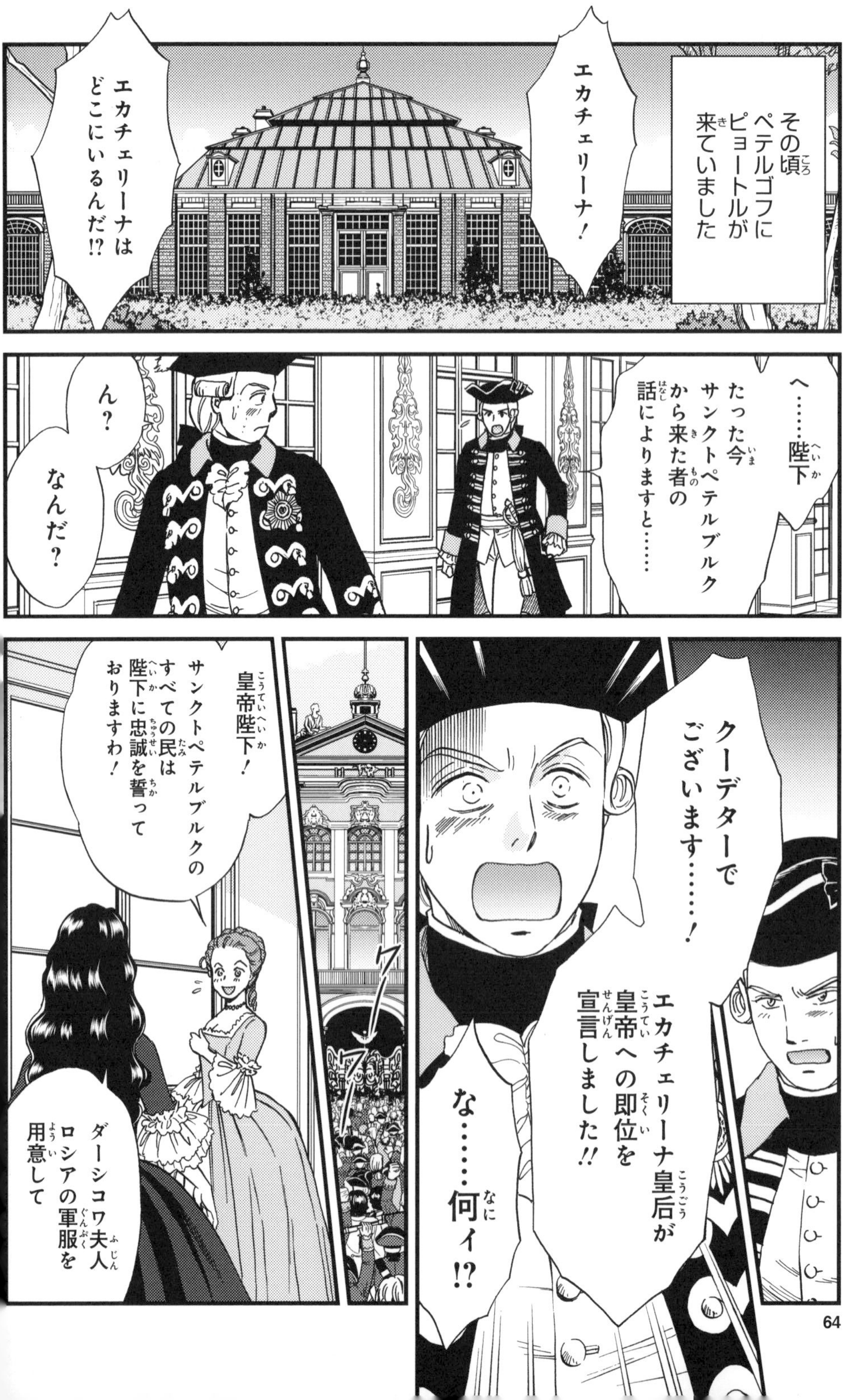

その頃《ころ》ペテルゴフにピョートルが来《き》ていました
エカチェリーナ！
エカチェリーナはどこにいるんだ!?
へ……陛下《へいか》 たった今《いま》サンクトペテルブルクから来《き》た者《もの》の話《はなし》によりますと……
ん？ なんだ？
クーデターでございます……！
エカチェリーナ皇后《こうごう》が皇帝《こうてい》への即位《そくい》を宣言《せんげん》しました!!
な……何《なに》イ!?
皇帝陛下《こうていへいか》！ サンクトペテルブルクのすべての民《たみ》は陛下《へいか》に忠誠《ちゅうせい》を誓《ちか》っておりますわ！
ダーシコワ夫人《ふじん》ロシアの軍服《ぐんぷく》を用意《ようい》して

!
これより
ピョートルの身柄《みがら》の
確保《かくほ》にむかいます
海軍提督《かいぐんていとく》は※1
※2クロンシュタット島《とう》の
艦隊《かんたい》に私《わたし》の即位《そくい》を知《し》らせ
忠誠《ちゅうせい》を誓《ちか》わせるのです!
はっ!
皇帝陛下《こうていへいか》!
オラニエンバウムへ!

夜《よる》10時《じ》
※白夜《びゃくや》の中《なか》を
1万《まん》4千《せん》の兵《へい》を率《ひき》いて
エカチェリーナは
オラニエンバウムに
むかいました

※皇帝《こうてい》の資格《しかく》などを捨《す》てることを約束《やくそく》した文書《ぶんしょ》

私《わたし》 ピョートル3世《せい》は
ロシア帝位《ていい》を
永遠《えいえん》に放棄《ほうき》することを
宣言《せんげん》する
また いかなる時《とき》も
帝位《ていい》を回復《かいふく》することは
求《もと》めない
私《わたし》はこれを神《かみ》の前《まえ》で誓《ちか》う
ピョートルは
オラニエンバウムで
アレクセイ・オルロフの
騎馬隊《きばたい》に逮捕《たいほ》されました
エリザベータ！
陛下《へいか》!!
サンクトペテルブルク
前皇帝《ぜんこうてい》を
※ロプシャ宮殿《きゅうでん》に
一時的《いちじてき》に
監禁《かんきん》しました
ごくろうさま
アレクセイ
ピョートルが誰《だれ》かに
利用《りよう》されないように
ロシア国内《こくない》で監禁《かんきん》
しつづけなくては……
……

※現在《げんざい》のロシア連邦《れんぽう》サンクトペテルブルク市《し》のロプシャ村《むら》にあった宮殿《きゅうでん》

クーデターから
1週間後《しゅうかんご》――
七月《がつ》六日《むいか》
ア……アレクセイ
何《なに》が起《お》きたのですか!?
酔《よ》って暴《あば》れはじめた
ピョートルを
アレクセイが
止《と》めようと
押《お》さえつけた時《とき》……
死《し》んでしまったと
いうのです
陛下《へいか》！
私《わたし》たちを
おゆるしになるか
さもなければ
命《いのち》を奪《うば》ってください！
ピョートルが
生《い》きていたら
ロシアの混乱《こんらん》は
長《なが》く続《つづ》くかも
しれなかった……
これで
よかったのだ……
公式《こうしき》には ピョートルは
“病死《びょうし》”と発表《はっぴょう》され
※アレクサンドル・ネフスキー
大修道院《だいしゅうどういん》に安置《あんち》されました

※現在《げんざい》のロシア連邦《れんぽう》サンクトペテルブルク市《し》ネフスキー地区《ちく》に設立《せつりつ》された男子修道院《だんししゅうどういん》

第《だい》4章《しょう》 皇帝《こうてい》エカチェリーナ2世《せい》

一七六二年《ねん》九月《がつ》二十二日《にち》
モスクワ クレムリン※1
戴冠式《たいかんしき》※2
私《わたし》は ロシアの統治者《とうちしゃ》に なった……
これからは 私《わたし》がロシアを 守《まも》るのだ

※1 現在《げんざい》のロシア連邦《れんぽう》モスクワ市《し》にある城塞《じょうさい》。ロシア帝国《ていこく》時代《じだい》の皇帝《こうてい》の居城《きょじょう》

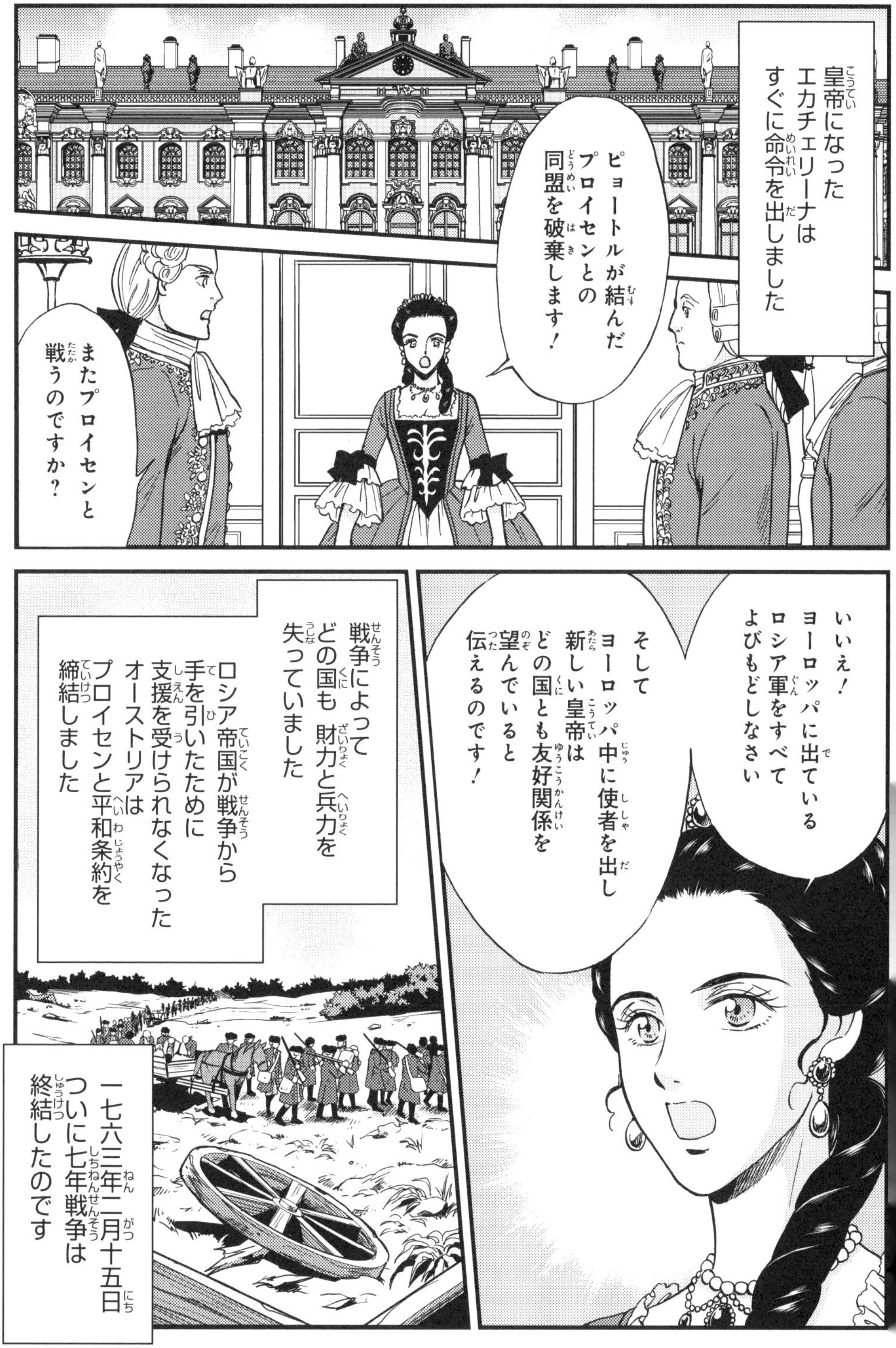
皇帝《こうてい》になった エカチェリーナは すぐに命令《めいれい》を出《だ》しました
ピョートルが結《むす》んだ プロイセンとの 同盟《どうめい》を破棄《はき》します！
また プロイセンと 戦《たたか》うのですか？
いいえ！ ヨーロッパに出《で》ている ロシア軍《ぐん》をすべて よびもどしなさい
そして ヨーロッパ中《じゅう》に使者《ししゃ》を出《だ》し 新《あたら》しい皇帝《こうてい》は どの国《くに》とも友好関係《ゆうこうかんけい》を 望《のぞ》んでいると 伝《つた》えるのです！
戦争《せんそう》によって どの国《くに》も 財力《ざいりょく》と兵力《へいりょく》を 失《うしな》っていました
ロシア帝国《ていこく》が戦争《せんそう》から 手《て》を引《ひ》いたために 支援《しえん》を受《う》けられなくなった オーストリアは プロイセンと平和条約《へいわじょうやく》を 締結《ていけつ》しました
一七六三年《ねん》二月《がつ》十五日《にち》 ついに七年戦争《しちねんせんそう》は 終結《しゅうけつ》したのです

エカチェリーナは 宮廷《きゅうてい》から追放《ついほう》されていた ベストゥージェフを よびもどしました
ピョートルに 味方《みかた》した者《もの》にも 報復《ほうふく》はしません
行政《ぎょうせい》の経験《けいけん》を持《も》つ 者《もの》たちの力《ちから》が このロシアには 必要《ひつよう》です！
エカチェリーナは ボロンツォワ嬢《じょう》にも 寛大《かんだい》でした
こっそり モスクワへ移《うつ》らせ 彼女《かのじょ》が貴族《きぞく》と結婚《けっこん》し 子《こ》を産《う》んだ時《とき》には その子《こ》の※1代母《だいぼ》に なりました
陛下《へいか》！ ※2ウラル鉱山《こうざん》の農奴《のうど》が 逃亡《とうぼう》しています いかがいたしましょうか？
農奴《のうど》が……！
「農奴《のうど》」は農場《のうじょう》のほか 土地《とち》や鉱山会社《こうざんがいしゃ》の 付属物《ふぞくぶつ》として あつかわれていた人《ひと》びとです
所有者《しょゆうしゃ》のゆるしがなければ 結婚《けっこん》もできず 土地《とち》から離《はな》れることも 禁止《きんし》されていました

※1 キリスト教《きょう》で、洗礼《せんれい》などに立《た》ち会《あ》う儀礼的《ぎれいてき》な母親《ははおや》

※2 現在《げんざい》のロシア連邦西部《れんぽうせいぶ》を南北《なんぼく》に縦断《じゅうだん》するウラル山脈《さんみゃく》のこと

エカチェリーナは※非人道的《ひじんどうてき》な農奴制《のうどせい》に反対《はんたい》でした
皇帝《こうてい》になる前《まえ》から農奴制《のうどせい》を廃止《はいし》する方法《ほうほう》を考《かんが》えていたわ
ひとつの領土《りょうど》が売却《ばいきゃく》されるたびにその土地《とち》の農奴《のうど》を解放《かいほう》する……
でも この方法《ほうほう》では農奴《のうど》がいなくなるまで100年《ねん》はかかってしまう……
鉱山《こうざん》の農奴《のうど》には決《き》められた賃金《ちんぎん》を払《はら》って やとうことを鉱山会社《こうざんがいしゃ》に命《めい》じます！
エカチェリーナは人道的《じんどうてき》な方法《ほうほう》で解決《かいけつ》しようとしました
決《き》められた金《かね》を会社《かいしゃ》が払《はら》うんだってよ
払《はら》われるまで働《はたら》くのをやめようぜ！
農奴《のうど》たちはかえって働《はたら》くことをやめてしまいました
陛下《へいか》！国内《こくない》の鉱山《こうざん》の生産《せいさん》が止《と》まってしまいました！
！
失敗《しっぱい》した！鉱山《こうざん》の農奴《のうど》たちにも管理人《かんりにん》たちにもこの方法《ほうほう》は通《つう》じなかった！

※人《ひと》として守《まも》るべきおこないからはずれた、ひどいありさま

しかたなく エカチェリーナは 軍隊《ぐんたい》を出動《しゅつどう》させて 農奴《のうど》を力《ちから》ずくで 鉱山《こうざん》にもどしました
農奴《のうど》の生活《せいかつ》の調査《ちょうさ》を!
※非道《ひどう》な管理人《かんりにん》は罰《ばっ》しなさい
はっ!
エカチェリーナは 農奴《のうど》の生活《せいかつ》の改善《かいぜん》を めざしましたが 長《なが》い間《あいだ》の習慣《しゅうかん》は 変《か》えられませんでした
貴族《きぞく》たちには 理解《りかい》して もらえない……
それでも エカチェリーナは あきらめず 対策《たいさく》の ために特別委員会《とくべついいんかい》を つくりました
私《わたし》たち 農奴《のうど》の所有者《しょゆうしゃ》が 彼《かれ》らを人間《にんげん》として あつかわなくては いけません
現在《げんざい》のような重労働《じゅうろうどう》は 人間《にんげん》として 耐《た》えがたいものです!
農奴《のうど》の暮《く》らしを 改善《かいぜん》しなければ――
彼《かれ》らは力《ちから》をもって 反乱《はんらん》を起《お》こすしか ないのです!

※人《ひと》としてのあり方《かた》からはずれているさま

エカチェリーナは さらなる改革《かいかく》を 進《すす》めました
ロシアは いまだ 文化的《ぶんかてき》に遅《おく》れた国《くに》だと ヨーロッパの国《くに》ぐにに 見《み》られています
なんとしても これを 変《か》えなくては なりません
それには 教育《きょういく》が 必要《ひつよう》です！
一七六四年《ねん》 スモーリヌイ修道院《しゅうどういん》と 寄宿学校《きしゅくがっこう》を設立《せつりつ》
これは貴族《きぞく》の娘《むすめ》に フランス流《りゅう》の作法《さほう》と フランス語《ご》を教《おし》え ヨーロッパ※社交界《しゃこうかい》に デビューさせるための 施設《しせつ》でした
その後《ご》 全国《ぜんこく》300か所《しょ》に ロシア初《はつ》の小学校《しょうがっこう》を 設立《せつりつ》しました
学校《がっこう》で学《まな》んだのは ほとんどが貴族《きぞく》の 召《め》し使《つか》いをしている 庶民《しょみん》の子《こ》でしたが
〝庶民《しょみん》が学《まな》ぶ〟ことは ロシアの歴史《れきし》の中《なか》で おどろくべきことでした

※上流階級《じょうりゅうかいきゅう》の人《ひと》びとが集《あつ》まって交際《こうさい》する社会《しゃかい》

女帝《じょてい》は
国民《こくみん》の母《はは》……
すべての国民《こくみん》の健康問題《けんこうもんだい》に対処《たいしょ》しなければ
エカチェリーナは前年《ぜんねん》 ロシア初《はつ》の医学校《いがっこう》を設立《せつりつ》し――
すべての※1州都《しゅうと》に総合病院《そうごうびょういん》を郡《ぐん》には医者《いしゃ》と薬局《やっきょく》を置《お》きました
その数《かず》は少《すく》ないものでしたがそれ以前《いぜん》は何《なに》もなかったのです
農村《のうそん》での子《こ》どもの死亡率《しぼうりつ》が高《たか》い……
医者《いしゃ》をふやすだけでは足《た》りないわ
エカチェリーナは私財《しざい》を投《とう》じて 養護院《ようごいん》と産院《さんいん》も設立《せつりつ》しています
未婚《みこん》の母《はは》や貧《まず》しい者《もの》が子《こ》どもを殺《ころ》すこともあると聞《き》く……
どんな身分《みぶん》の子《こ》どもにも生活《せいかつ》の援助《えんじょ》と教育《きょういく》があたえられ
子《こ》どもたちは施設《しせつ》を出《で》る時《とき》には※2自由民《じゆうみん》となることができたのです

※1 州《しゅう》の行政庁《ぎょうせいちょう》がある都市《とし》。

※2 他人《たにん》の強制《きょうせい》を受《う》けない自由《じゆう》な民《たみ》

ピョートルは皇帝《こうてい》になった時《とき》教会《きょうかい》の財産《ざいさん》を国《くに》のものとしました
ロシア正教会《せいきょうかい》を否定《ひてい》しプロテスタントの教会《きょうかい》にするつもりだったのです
しかしエカチェリーナは皇帝《こうてい》になった時《とき》これをもとにもどしました
クーデターの時《とき》教会《きょうかい》を味方《みかた》につけるためにしたことだけれど
多《おお》くの領地《りょうち》を持《も》つ教会《きょうかい》が税金《ぜいきん》を払《はら》わなくてよいという決《き》まりは変《か》えなくてはならないわ

※1 ロシア正教会《せいきょうかい》を統括《とうかつ》する最高機関《さいこうきかん》

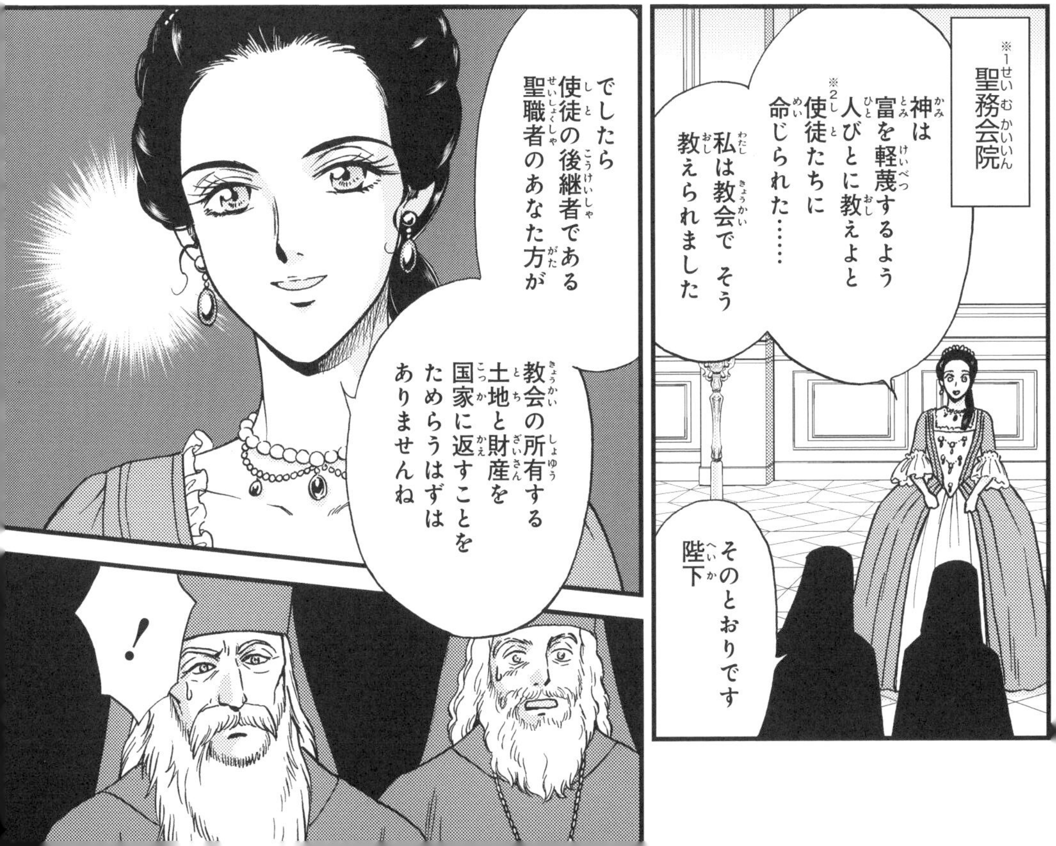
※1聖務会院《せいむかいいん》
神《かみ》は富《とみ》を軽蔑《けいべつ》するよう人《ひと》びとに教《おし》えよと※2使徒《しと》たちに命《めい》じられた……私《わたし》は教会《きょうかい》でそう教《おし》えられました
そのとおりです陛下《へいか》
でしたら使徒《しと》の後継者《こうけいしゃ》である聖職者《せいしょくしゃ》のあなた方《がた》が
教会《きょうかい》の所有《しょゆう》する土地《とち》と財産《ざいさん》を国家《こっか》に返《かえ》すことをためらうはずはありませんね
！

すべての教会《きょうかい》の土地《とち》と財産《ざいさん》は国《くに》のものとします
そのかわり管理《かんり》はすべて国《くに》が引《ひ》き受《う》けます
あなた方《がた》 聖職者《せいしょくしゃ》は国家公務員《こっかこうむいん》になるのです
われらは皇帝陛下《こうていへいか》にしたがいます
教会所有《きょうかいしょゆう》の農奴《のうど》は国有地農民《こくゆうちのうみん》の身分《みぶん》に引《ひ》きあげられました
これにより農民《のうみん》は国《くに》に税《ぜい》を納《おさ》め税収《ぜいしゅう》がふえることになりました
国《くに》の資金《しきん》がふえたわ
これでロシアをさらに発展《はってん》させることができる……！

ロシアの隣国《りんごく》ポーランドでは 貴族《きぞく》の議員《ぎいん》が選挙《せんきょ》をおこない満場一致《まんじょういっち》によってのみ国王《こくおう》が選《えら》ばれます
ロシア帝国《ていこく》
プロイセン
ポーランド
ハンガリー
そのため国王《こくおう》の選挙《せんきょ》のたびに 混乱《こんらん》が起《お》きていました
その頃《ころ》 ポーランドの国王《こくおう》アウグスト3世《せい》が病《やまい》で死《し》をむかえようとしていたのです
次《つぎ》のポーランド国王《こくおう》は誰《だれ》になるだろう？
やはりアウグスト3世《せい》の王子《おうじ》が有力《ゆうりょく》か
宰相《さいしょう》のチャルトリスキ公爵《こうしゃく》も候補《こうほ》になりそうだ
いいえ 外交上《がいこうじょう》ロシアに有利《ゆうり》な人物《じんぶつ》をポーランド国王《こくおう》にしなくては……
その人物《じんぶつ》は私《わたし》のかつての恋人《こいびと》——
スタニスワフ・ポニャトフスキ！
ポーランドへ行《い》きポニャトフスキを国王《こくおう》にするために手《て》を尽《つ》くしなさい！ そのための資金《しきん》をあたえます
はっ！

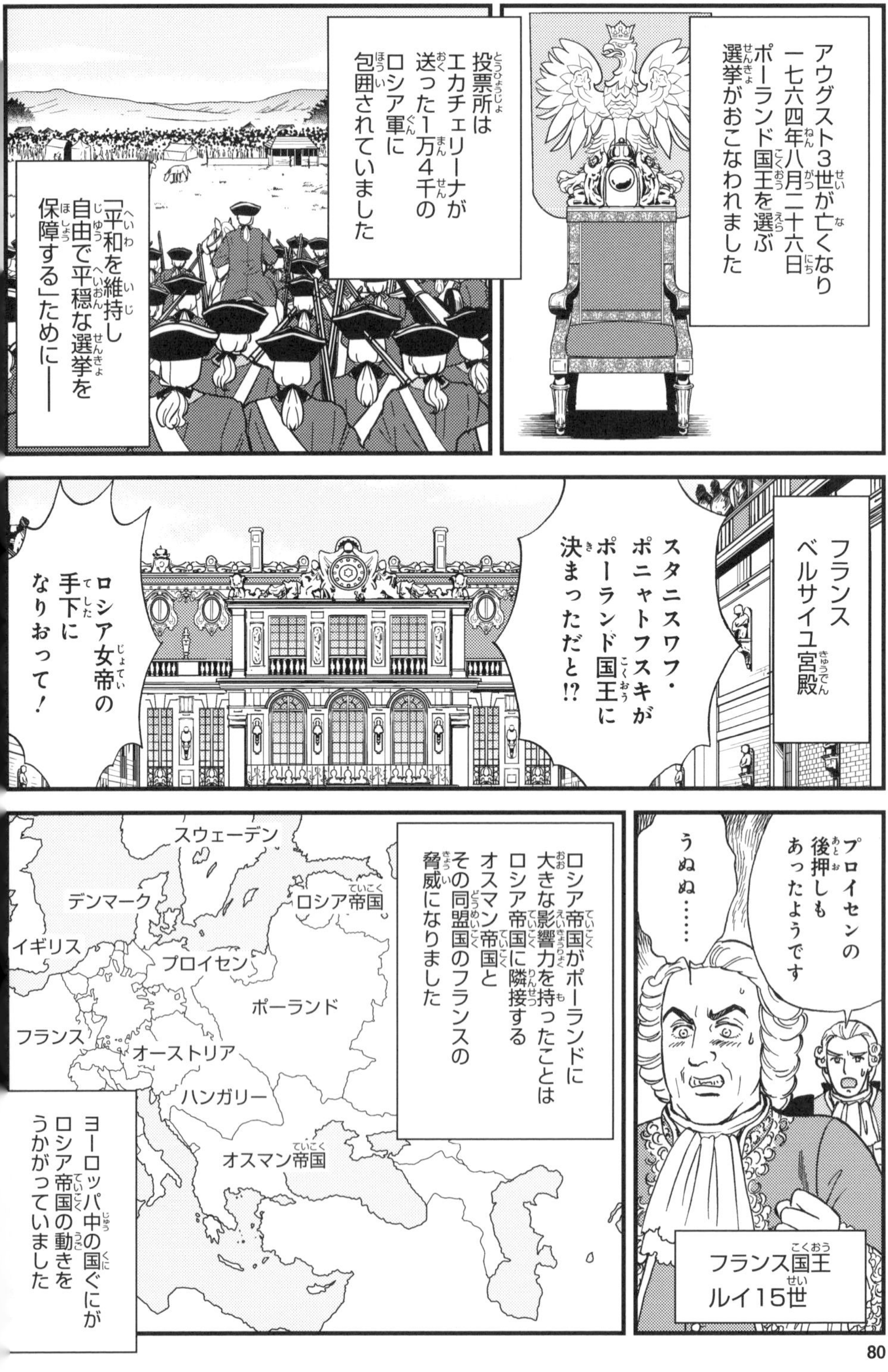

アウグスト3世《せい》が亡《な》くなり
一七六四年《ねん》八月《がつ》二十六日《にち》
ポーランド国王《こくおう》を選《えら》ぶ
選挙《せんきょ》がおこなわれました
投票所《とうひょうじょ》は
エカチェリーナが
送《おく》った1万《まん》4千《せん》の
ロシア軍《ぐん》に
包囲《ほうい》されていました
「平和《へいわ》を維持《いじ》し
自由《じゆう》で平穏《へいおん》な選挙《せんきょ》を
保障《ほしょう》する」ために――
フランス
ベルサイユ宮殿《きゅうでん》
スタニスワフ・ポニャトフスキがポーランド国王《こくおう》に決《き》まっただと!?
ロシア女帝《じょてい》の手下《てした》になりおって!
プロイセンの後押《あとお》しもあったようです
うぬぬ……
フランス国王《こくおう》
ルイ15世《せい》
ロシア帝国《ていこく》がポーランドに
大《おお》きな影響力《えいきょうりょく》を持《も》ったことは
ロシア帝国《ていこく》に隣接《りんせつ》する
オスマン帝国《ていこく》と
その同盟国《どうめいこく》のフランスの
脅威《きょうい》になりました
スウェーデン
デンマーク
ロシア帝国《ていこく》
イギリス
プロイセン
ポーランド
フランス
オーストリア
ハンガリー
オスマン帝国《ていこく》
ヨーロッパ中《じゅう》の国《くに》ぐにが
ロシア帝国《ていこく》の動《うご》きを
うかがっていました

国外《こくがい》の動《うご》きに目《め》を光《ひか》らせながらエカチェリーナが次《つぎ》に取《と》りかかったのは古《ふる》いロシア※1法典《ほうてん》の改革《かいかく》です
今《いま》までの皇帝《こうてい》がそれぞれ出《だ》した※2勅令《ちょくれい》は文書化《ぶんしょか》されてなかったり反対《はんたい》の指示《しじ》だったりメチャクチャだわ
これを整理《せいり》して今《いま》の時代《じだい》に合《あ》ったものにしなくては……
新《あたら》しい法典《ほうてん》をつくるための指示書《しじしょ》……ですか？
ええ
すべての身分《みぶん》の人《ひと》が集《あつ》められる全国会議《ぜんこくかいぎ》で新法《しんぽう》を話《はな》し合《あ》う時《とき》土台《どだい》になるものがいると思《おも》うの
しかし 陛下《へいか》は働《はたら》きすぎではないですか？ これを書《か》くのに1日《にち》2時間《じかん》も3時間《じかん》も机《つくえ》にかじりついておられる
そうね 少《すこ》しつかれたわ……
皇帝《こうてい》の仕事《しごと》から離《はな》れてゆっくりできる場所《ばしょ》がほしい……
ヨーロッパから買《か》った絵画《かいが》などを見《み》ながらすごしたい……
そうだわ！

※1 国《くに》が制定《せいてい》する法律《ほうりつ》や規則《きそく》を、文章《ぶんしょう》にして書《か》きしるしたもの　※2 皇帝《こうてい》の命令《めいれい》

エカチェリーナは冬宮殿《ふゆきゅうでん》のとなりに小《ちい》さな宮殿《きゅうでん》を建《た》てました
ここを〝エルミタージュ〟と名《な》づけるわ
フランス語《ご》で〝隠《かく》れ家《が》〟という意味《いみ》よ
エルミタージュには絵画《かいが》が飾《かざ》られ
エカチェリーナは親《した》しい友人《ゆうじん》だけを招《まね》いてくつろぎました
その後《ご》もエカチェリーナの命《めい》でヨーロッパ中《じゅう》から美術品《びじゅつひん》が収集《しゅうしゅう》されます
これは ロシア帝国《ていこく》に財力《ざいりょく》と 芸術《げいじゅつ》を愛《あい》する文化《ぶんか》があるということをヨーロッパに知《し》らせるためでもありました

一七六七年《ねん》
2年《ねん》がかりで ついに 書《か》きあげたわ！
新《あたら》しい法典《ほうてん》を つくるための 指示書《しじしょ》――
『大訓令《だいくんれい》』！
『大訓令《だいくんれい》』は 啓蒙思想《けいもうしそう》を 基盤《きばん》にして 書《か》かれていました 農奴制《のうどせい》の否定《ひてい》をはじめ 政治《せいじ》や経済《けいざい》など 広《ひろ》い分野《ぶんや》の問題《もんだい》について
人道的《じんどうてき》・合理的《ごうりてき》・理性的《りせいてき》に ロシア帝国《ていこく》を進歩《しんぽ》させる ための理想《りそう》を書《か》いた 書《しょ》だったのです
※法典編纂委員会《ほうてんへんさんいいんかい》
ロシアの農業《のうぎょう》は 農奴制《のうどせい》で 成《な》り立《た》っています
これは永遠《えいえん》に 変《か》わることは ないものです
農奴《のうど》なしで どうするのでしょう？
『大訓令《だいくんれい》』には 全国民《ぜんこくみん》は平等《びょうどう》だと 書《か》かれています
ならば私《わたし》たち商人《しょうにん》も 貴族《きぞく》と同《おな》じように 農奴《のうど》の所有《しょゆう》が 認《みと》められるべきです！
そうだ そうだ！

※国《くに》が法典《ほうてん》をつくり、制定《せいてい》するための組織《そしき》

貴族《きぞく》・商人《しょうにん》・農民《のうみん》
すべてのロシア人《じん》の考《かんが》えは
まだまだ未熟《みじゅく》で
私《わたし》の理想《りそう》と かけ離《はな》れている
ロシアの安定《あんてい》は
皇帝《こうてい》が絶対的《ぜったいてき》な力《ちから》を持《も》つ
専制君主制《せんせいくんしゅせい》※1でしか
実現《じつげん》しないのだわ……

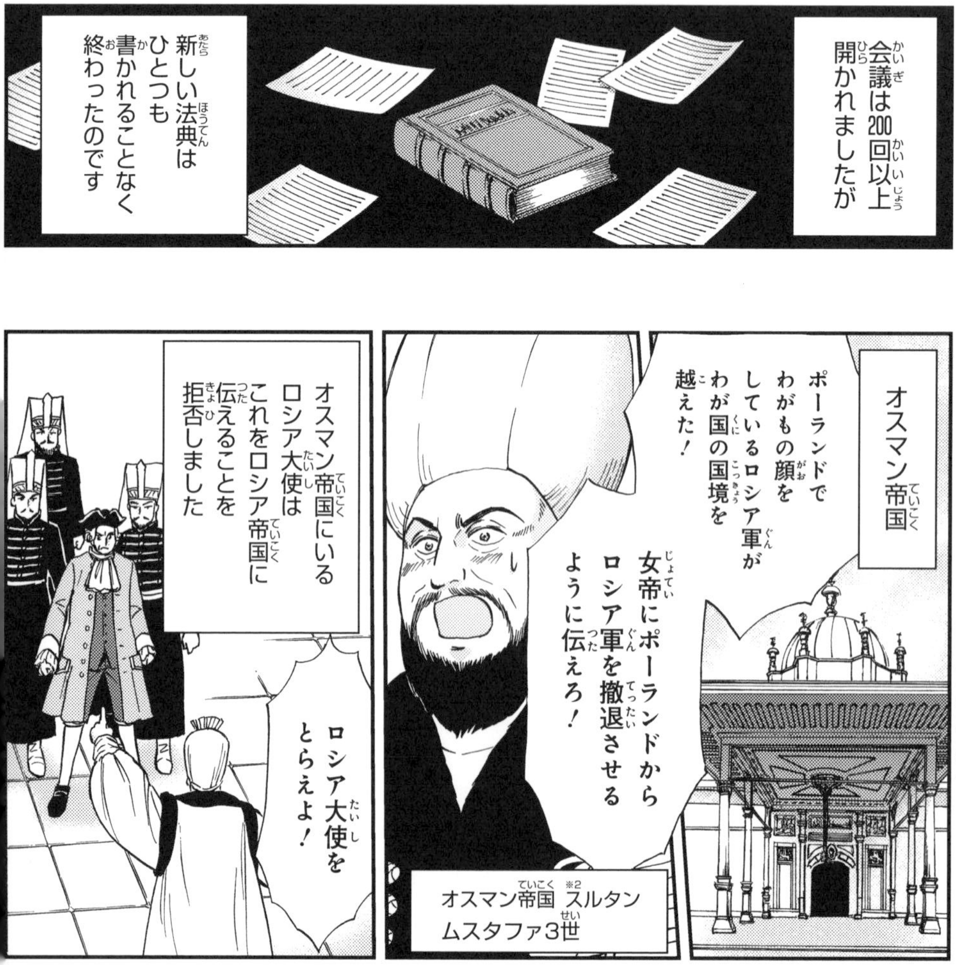
会議《かいぎ》は200回以上《かいいじょう》
開《ひら》かれましたが
新《あたら》しい法典《ほうてん》は
ひとつも
書《か》かれることなく
終《お》わったのです
オスマン帝国《ていこく》
ポーランドで
わがもの顔《がお》を
しているロシア軍《ぐん》が
わが国《くに》の国境《こっきょう》を
越《こ》えた!
女帝《じょてい》にポーランドから
ロシア軍《ぐん》を撤退《てったい》させる
ように伝《つた》えろ!
オスマン帝国《ていこく》 スルタン※2
ムスタファ3世《せい》
オスマン帝国《ていこく》にいる
ロシア大使《たいし》は
これをロシア帝国《ていこく》に
伝《つた》えることを
拒否《きょひ》しました
ロシア大使《たいし》を
とらえよ!

※1 君主《くんしゅ》の意志《いし》をもとに政治《せいじ》がおこなわれる、政治《せいじ》の形《かたち》 ※2 イスラム教国家《きょうこっか》の君主《くんしゅ》の称号《しょうごう》

陛下《へいか》！
オスマン帝国《ていこく》がわが国《くに》に宣戦布告《せんせんふこく》です！
！
オスマン帝国《ていこく》から戦争《せんそう》をしかけてくるとは
願《ねが》ってもない好機《こうき》だわ！
ついに この時《とき》が来《き》ました！
※かつて正教会《せいきょうかい》の中心地《ちゅうしんち》だったコンスタンティノープルを取《と》りもどし――
ピョートル大帝《たいてい》悲願《ひがん》の凍《こお》らない港《みなと》を手《て》に入《い》れるのです！
こうして始《はじ》まった戦争《せんそう》を第一次《だいいちじ》ロシア・トルコ戦争《せんそう》といいます

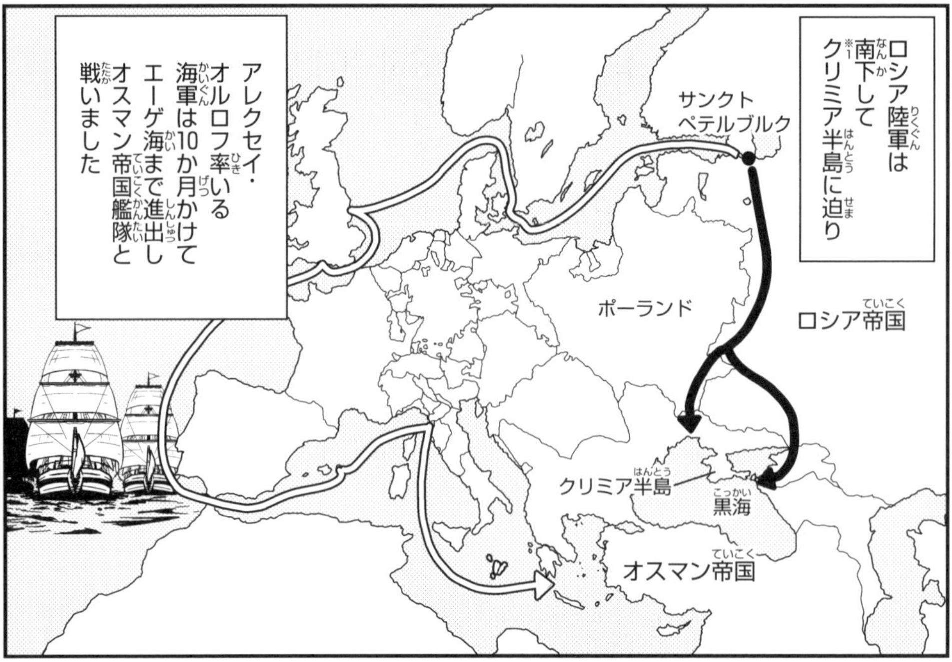
ロシア陸軍《りくぐん》は南下《なんか》して※1クリミア半島《はんとう》に迫《せま》り
サンクトペテルブルク
ロシア帝国《ていこく》
ポーランド
クリミア半島《はんとう》
黒海《こっかい》
オスマン帝国《ていこく》
アレクセイ・オルロフ率《ひき》いる海軍《かいぐん》は10か月《げつ》かけてエーゲ海《かい》まで進出《しんしゅつ》しオスマン帝国艦隊《ていこくかんたい》と戦《たたか》いました

わが艦隊《かんたい》は連戦連勝《れんせんれんしょう》!
オスマン軍《ぐん》を追《お》い込《こ》んでおります!
アレクセイ・オルロフは英雄《えいゆう》です
※2聖《せい》ゲオルギー勲章《くんしょう》を授与《じゅよ》しなくては!

その頃《ころ》恐《おそ》ろしい天然痘《てんねんとう》がヨーロッパ中《じゅう》に流行《りゅうこう》していました
フランスの皇太子《こうたいし》(ルイ15世《せい》の長男《ちょうなん》)も天然痘《てんねんとう》で亡《な》くなったといいます
パーベル人混《ひとご》みに出《で》かけてはいけませんよ!
エカチェリーナの息子《むすこ》
皇太子《こうたいし》パーベル

※1 黒海《こっかい》の北岸《ほくがん》から南《みなみ》に突《つ》き出《だ》している大《おお》きな半島《はんとう》

※2 軍《ぐん》で功績《こうせき》をあげた人《ひと》に贈《おく》られる、ロシアで最高《さいこう》の勲章《くんしょう》

エカチェリーナは天然痘《てんねんとう》の予防法《よぼうほう》を知《し》っているという スコットランド人《じん》医師《いし》をよびました
天然痘《てんねんとう》を防《ふせ》ぐ方法《ほうほう》があると聞《き》きましたが本当《ほんとう》ですか?
はい 天然痘《てんねんとう》が回復《かいふく》した患者《かんじゃ》からとった膿《うみ》を体《からだ》に入《い》れ軽《かる》い症状《しょうじょう》にします
それで天然痘《てんねんとう》への※免疫《めんえき》ができるのです
膿《うみ》を!?
なんて恐《おそ》ろしいぃ!!
いいでしょう
その処置《しょち》を私《わたし》にしてください
陛下《へいか》!!
へ……陛下《へいか》 宮廷《きゅうてい》の医師《いし》に相談《そうだん》して──
必要《ひつよう》ありません
で……ではほかの者《もの》でためしてから──
だめです

※体内《たいない》に入《はい》ってきた病原菌《びょうげんきん》などに対《たい》して、抵抗力《ていこうりょく》を得《え》て発病《はつびょう》をおさえるしくみ

エカチェリーナは
ロシアで※種痘《しゅとう》を受《う》けた
第《だい》1号《ごう》となり
成功《せいこう》しました
このグリゴリーも受《う》けますぞ！
私《わたし》も！
貴族《きぞく》の勇気《ゆうき》を見《み》せてやる！
ついでパーベルと貴族《きぞく》140名《めい》が種痘《しゅとう》をおこない
その後《ご》 種痘専門《しゅとうせんもん》の診療所《しんりょうじょ》がロシア帝国《ていこく》の主要都市《しゅようとし》に開設《かいせつ》されました
陛下《へいか》の勇気《ゆうき》には恐《おそ》れ入《い》りました
私《わたし》はロシア人民《じんみん》の母《はは》ですからね
ロシア帝国《ていこく》は天然痘《てんねんとう》の恐怖《きょうふ》から救《すく》われましたが――
6年後《ねんご》 フランス国王《こくおう》ルイ15世《せい》が天然痘《てんねんとう》にかかり亡《な》くなるのです
ロシア帝国《ていこく》とオスマン帝国《ていこく》の戦争《せんそう》は続《つづ》いていました

※天然痘《てんねんとう》の予防接種《よぼうせっしゅ》のこと

プロイセン
ロシアは
強《つよ》すぎる……
このままでは
ロシアが
ポーランド全土《ぜんど》を
領土《りょうど》としてしまう
かもしれぬ……
プロイセン国王《こくおう》
フリードリヒ2世《せい》
ポーランドの領土《りょうど》を
ロシア正教会《せいきょうかい》・
プロテスタント・
カトリックの
宗教別《しゅうきょうべつ》に分《わ》けて
それぞれロシア・プロイセン・
オーストリアに併合《へいごう》する提案《ていあん》を
プロイセンがしてきた……
戦争《せんそう》もせず
平和的《へいわてき》な解決《かいけつ》
だわ……
ポーランドには
これに反対《はんたい》する力《ちから》は
ありません
第一次《だいいちじ》ポーランド分割《ぶんかつ》
（1772年《ねん》）
プロイセン
（プロテスタント）
ロシア帝国《ていこく》
（ロシア
正教会《せいきょうかい》）
ポーランド
オーストリア
（カトリック※）
ポーランドは
3か国《こく》によって
領土《りょうど》を分割《ぶんかつ》されて
しまいました
分割以前《ぶんかついぜん》のポーランド

※ローマ教皇《きょうこう》を指導者《しどうしゃ》とするキリスト教派《きょうは》

一七七三年《ねん》九月《がつ》
オスマン帝国《ていこく》との戦争《せんそう》のさなか
ロシア帝国内《ていこくない》で事件《じけん》が起《お》きます
ピョートル3世《せい》が現《あらわ》れたですって？
また にせ者《もの》？
今度《こんど》は どこの ならず者《もの》ですか
モスクワの南東《なんとう》 ヤイツク※1
聞《き》け！ 私《わたし》は ピョートル3世《せい》である！
妻《つま》が くわだてた 暗殺計画《あんさつけいかく》を逃《のが》れ エメリアン・プガチョフ と名乗《なの》り生《い》きてきた 今《いま》 ここに ロシアを救《すく》うため もどったのだ！
ピョートル3世《せい》を 名乗《なの》る者《もの》は コサック※2の民《たみ》を率《ひき》いて ヤイツクの要塞《ようさい》※3を襲撃《しゅうげき》
農民《のうみん》 農奴《のうど》が加《くわ》わり その数《かず》は3千人以上《ぜんにんいじょう》に なっております！
……地方《ちほう》で よくある反乱《はんらん》です
今《いま》は軍隊《ぐんたい》を送《おく》る 余裕《よゆう》はありません オスマン帝国《ていこく》との 戦争終結《せんそうしゅうけつ》に 集中《しゅうちゅう》する時《とき》です

※1 現在《げんざい》のカザフスタン共和国《きょうわこく》西《にし》カザフスタン州《しゅう》オラル市《し》

※3 敵《てき》の攻撃《こうげき》に対抗《たいこう》できるように造《つく》られた軍事施設《ぐんじしせつ》

一七七四年六月《ねんがつ》
オスマン帝国《ていこく》は 戦争《せんそう》を続《つづ》けることに 危機《きき》感《かん》を感じ 停戦《ていせん》を求《もと》めてきました
グリゴリー・オルロフが 失敗《しっぱい》したオスマン帝国《ていこく》との 和平交渉《わへいこうしょう》……
今度《こんど》こそ 成功《せいこう》させねばなりません
そしてポチョムキンは 引《ひ》きつづき反乱《はんらん》に関《かん》する 書類《しょるい》に目《め》を通《とお》し 私《わたし》に報告《ほうこく》を！
はっ！
政治《せいじ》にも軍事《ぐんじ》にも すぐれていたポチョムキンは エカチェリーナの人生《じんせい》で もっとも力《ちから》になった 男性《だんせい》でした
ロシア軍人《ぐんじん》 グリゴリー・ポチョムキン
一七七四年七月十日《ねんがつとおか》
ロシア・トルコ和平条約《わへいじょうやく》 締結《ていけつ》
ロシア帝国《ていこく》は 黒海《こっかい》と地中海《ちちゅうかい》への 航行《こうこう》の権利《けんり》を 手《て》に入《い》れました
ロシア帝国《ていこく》
黒海《こっかい》
オスマン帝国《ていこく》
地中海《ちちゅうかい》
ただちに 軍隊《ぐんたい》をロシアに もどしなさい！
あつかましい にせ者《もの》の反乱《はんらん》を 制圧《せいあつ》するのです！

プガチョフ率《ひき》いる反乱軍《はんらんぐん》は2万人《まんにん》にふえていました
ワァァァ
貴族《きぞく》を殺《ころ》せ！
殺《ころ》せ!!
オーッ
※カザンの町《まち》はわが手《て》に落《お》ちた！
次《つぎ》はモスクワだ!!
陛下《へいか》！
政府軍《せいふぐん》がやってきました！味方《みかた》は次《つぎ》つぎにやられています！
な……何《なに》ィ!?
政府軍《せいふぐん》と戦《たたか》った反乱軍《はんらんぐん》はバラバラに逃《に》げ出《だ》しました
そしてプガチョフは――
ガラガラ
ガラガラ
仲間《なかま》の手《て》でつかまり政府軍《せいふぐん》に引《ひ》きわたされたのです

※現在《げんざい》のロシア連邦《れんぽう》タタールスタン共和国《きょうわこく》カザン市《し》

わしは コサックの農民《のうみん》 プガチョフです
ピョートル3世《せい》だと うそをついたことを 認《みと》めます！
皇帝陛下《こうていへいか》 どうか ご慈悲《じひ》を……！
拷問《ごうもん》による 尋問《じんもん》は やめてください
処刑《しょけい》は まぬかれませんが ……
どうか…… 苦《くる》しませないように してください
プガチョフと その側近《そっきん》は モスクワで 処刑《しょけい》されましたが
それ以外《いがい》の者《もの》は 死刑《しけい》から 重労働《じゅうろうどう》に 減刑《げんけい》されました
私《わたし》は民《たみ》の生活《せいかつ》が よくなるように 改革《かいかく》を進《すす》めた……
でも…… 教育不足《きょういくぶそく》の民《たみ》には 通《つう》じなかった……
不満《ふまん》があれば 暴力《ぼうりょく》を爆発《ばくはつ》させ 指導者《しどうしゃ》が いなくなれば 途方《とほう》に暮《く》れてしまう ……
ロシアのために これからの私《わたし》が できること――
帝国《ていこく》の拡大《かくだい》と 文化《ぶんか》を豊《ゆた》かに することに 専念《せんねん》しよう……

第《だい》5章《しょう》 長《なが》い治世《ちせい》の終《お》わり

ポチョムキン よく やりました!
※造船所《ぞうせんじょ》 黒海艦隊《こっかいかんたい》!
ついに黒海《こっかい》への そして地中海《ちちゅうかい》への 道《みち》が 開《ひら》いたのですね!

※ロシア海軍《かいぐん》の艦隊《かんたい》

皇帝陛下《こうていへいか》の 大旅行《だいりょこう》を知れば オスマン帝国《ていこく》は 恐《おそ》れおののく ことでしょう
そうですね ポチョムキン
ホホホ…
——ところが
ロシアめ! わが帝国《ていこく》の首都《しゅと》 コンスタンティノープルの すぐそばで…… 挑発《ちょうはつ》のつもりか!?
ロシアに 宣戦布告《せんせんふこく》だ!!
オスマン帝国《ていこく》 スルタン アブデュルハミト1世《せい》
オスマン帝国《ていこく》は ロシア帝国《ていこく》に 宣戦《せんせん》を布告《ふこく》
ポチョムキンを ロシア軍最高指揮官《ぐんさいこうしきかん》として 第《だい》二次《じ》ロシア・トルコ戦争《せんそう》が 始《はじ》まりました

一七八九年《ねん》
フランスでは聖職者《せいしょくしゃ》・貴族《きぞく》※1・平民《へいみん》が新《あたら》しい税法《ぜいほう》を話《はな》し合《あ》う三部会《さんぶかい》というものが開《ひら》かれたそうですね
君主制《くんしゅせい》を否定《ひてい》するつもりかしら
しかし 平民《へいみん》にも意見《いけん》を言《い》う自由《じゆう》はありますわ
陛下《へいか》!!
フランスで革命《かくめい》が起《お》こりました!
2万人《まんにん》のパリ市民《しみん》が※2バスチーユ監獄《かんごく》を襲撃《しゅうげき》!
司令官《しれいかん》は虐殺《ぎゃくさつ》されました!
革命《かくめい》!!
専制《せんせい》君主制《くんしゅせい》が──
崩壊《ほうかい》した……!!

※1 一般市民《いっぱんしみん》

※1 現在《げんざい》のルーマニア北東部《ほくとうぶ》の都市《とし》ヤシのこと
※2 マラリア原虫《げんちゅう》の寄生《きせい》によって起《お》こる病気《びょうき》

一七九三年《ねん》一月《がつ》二十一日《にち》
フランス国王《こくおう》ルイ16世《せい》は
裁判《さいばん》により
死刑《しけい》の判決《はんけつ》を受《う》け
処刑《しょけい》されました
陛下《へいか》！
陛下《へいか》！
お気《き》を確《たし》かに！
新《あたら》しい自由《じゆう》な
思想《しそう》というものが
フランスの市民《しみん》を
暴徒《ぼうと》に変《か》えたの
だろうか……
私《わたし》の身《み》とロシアを
暴力的《ぼうりょくてき》な破壊《はかい》から
守《まも》らなければ……！

陛下《へいか》！
その お召《め》し物《もの》は……
ロシアのドレスです
もう 私《わたし》は フランスのドレスは 着《き》ません
※ロシア・アカデミー総裁《そうさい》 ダーシコワ夫人《ふじん》に 命《めい》じます
すべての書籍《しょせき》を調《しら》べ 道徳《どうとく》を堕落《だらく》させかねないもの フランス革命《かくめい》をあつかうものの 出版《しゅっぱん》を禁《きん》じるのです
フランスの書籍《しょせき》 新聞《しんぶん》の 輸入《ゆにゅう》も禁《きん》じます ボルテールの本《ほん》も……です！
思想《しそう》の自由《じゆう》を 広《ひろ》めようとしていた エカチェリーナは ロシア帝国内《ていこくない》を混乱《こんらん》 させないため みずから それを否定《ひてい》したのです
ショックを受《う》けた ダーシコワ夫人《ふじん》は その後《ご》 ロシア・アカデミーを辞職《じしょく》し エカチェリーナのもとから 去《さ》りました

※ダーシコワ夫人《ふじん》の提案《ていあん》で創設《そうせつ》された、ロシア語《ご》の研究機関《けんきゅうきかん》

ポーランド国会《こっかい》は王《おう》を※世襲制《せしゅうせい》にしようとしている
ロシアに影響《えいきょう》されない王《おう》をすえたうえで平民《へいみん》による政府《せいふ》をつくろうとしているのだわ
フランスの革命派《かくめいは》の影響《えいきょう》？
ポーランドはロシアのすぐとなりよ！
エカチェリーナはポーランドにロシア軍《ぐん》を送《おく》りこみました
プロイセンとオーストリアもロシア帝国《ていこく》に同調《どうちょう》しました
ポーランドはふたたび周囲《しゅうい》の3か国《こく》と戦《たたか》い 敗北《はいぼく》します
そして ロシア帝国《ていこく》・プロイセン・オーストリアに領土《りょうど》を分割《ぶんかつ》され――
ロシア帝国《ていこく》
プロイセン
オーストリア
分割以前《ぶんかついぜん》のポーランド
一七九五年《ねん》十月《がつ》ポーランドは世界《せかい》の地図《ちず》から消滅《しょうめつ》しました

※親《おや》から子《こ》へと地位《ちい》が受《う》け継《つ》がれる制度《せいど》

エカチェリーナはロシア帝国《ていこく》を専制君主《せんせいくんしゅ》の国《くに》のままに保《たも》ちました
自分《じぶん》以上《いじょう》にロシア帝国《ていこく》を治《おさ》めることができる者《もの》は　いないと思《おも》っていたからです
エカチェリーナが以前《いぜん》望《のぞ》んでいた農奴《のうど》解放《かいほう》は一八六一年《ねん》　※ひ孫《まご》のアレクサンドル2世《せい》によって実現《じつげん》されることになります

一七九六年《ねん》十一月五日《がついつか》
ほらほら お庭《にわ》で遊《あそ》んで らっしゃい
ワン ワン
私《わたし》は 化粧室《けしょうしつ》に 入《はい》りたいのよ
キャン キャン
キュウ…
陛下《へいか》…… 出《で》ていらっしゃら ないわね
そう…… ですね
陛下《へいか》 失礼《しつれい》いたします
ギィ…
陛下《へいか》!?
陛下《へいか》!!
エカチェリーナは ※脳卒中《のうそっちゅう》の発作《ほっさ》を起《お》こし たおれました

※脳《のう》の血管《けっかん》の流《なが》れが悪《わる》くなることで起《お》こる病気《びょうき》の総称《そうしょう》

アレクサンドル！※コンスタンチン！
陛下《へいか》は!?
父上《ちちうえ》……！
母上《ははうえ》……
一七九六年《ねん》十一月《がつ》六日《むいか》
エカチェリーナは意識《いしき》を取《と》りもどすことなくそのまま亡《な》くなりました
34年《ねん》というロシア皇帝《こうてい》の中《なか》でもっとも長《なが》い治世《ちせい》でした

※パーベルの次男《じなん》

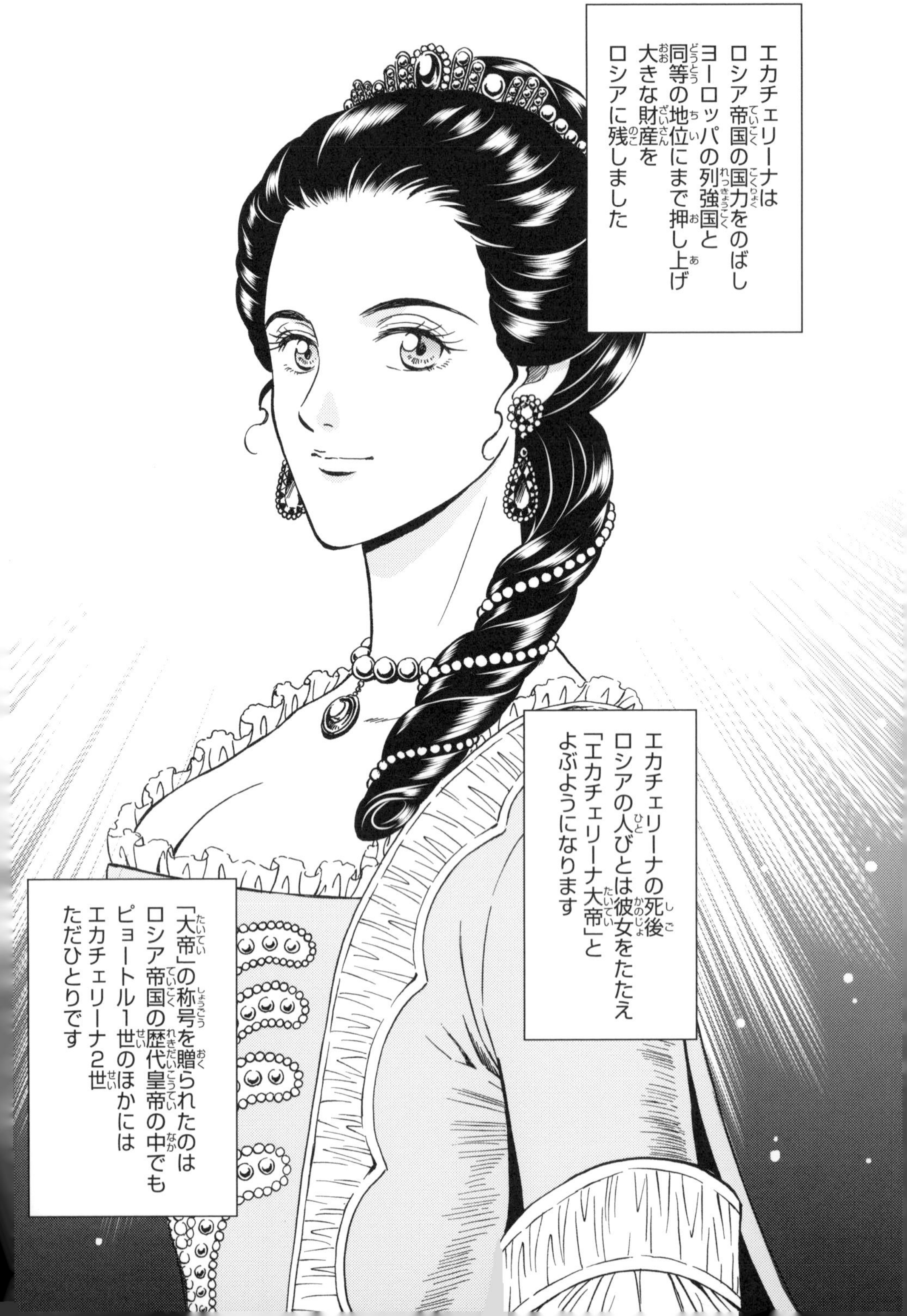
エカチェリーナは
ロシア帝国《ていこく》の国力《こくりょく》をのばし
ヨーロッパの列強国《れっきょうこく》と
同等《どうとう》の地位《ちい》にまで押《お》し上《あ》げ
大《おお》きな財産《ざいさん》を
ロシアに残《のこ》しました
エカチェリーナの死後《しご》
ロシアの人《ひと》びとは彼女《かのじょ》をたたえ
「エカチェリーナ大帝《たいてい》」と
よぶようになります
「大帝《たいてい》」の称号《しょうごう》を贈《おく》られたのは
ロシア帝国《ていこく》の歴代皇帝《れきだいこうてい》の中《なか》でも
ピョートル1世《せい》のほかには
エカチェリーナ2世《せい》
ただひとりです

Ekaterina II

ためになる学習《がくしゅう》資《し》料《りょう》室《しつ》

- もっとよくわかるエカチェリーナ２世《せい》
- エカチェリーナ２世《せい》の生《い》きた時代《じだい》
- 参考文献《さんこうぶんけん》

もっとよくわかる エカチェリーナ2世《せい》

基礎知識《きそちしき》解説《かいせつ》

エカチェリーナ2世《せい》とロシア帝国《ていこく》

エカチェリーナ2世《せい》の時代《じだい》、ロシア帝国《ていこく》は、フランスや神聖《しんせい》ローマ帝国《ていこく》のような大国《たいこく》とならぶ国《くに》に成長《せいちょう》しました。

ロシア帝国《ていこく》とは

15世紀末《せいきまつ》、モスクワ大公国《たいこうこく》のイワン3世《せい》が、まわりの小国《しょうこく》を征服《せいふく》して巨大《きょだい》な国《くに》をつくりあげました。これが、ロシア帝国《ていこく》の始《はじ》まりです。

イワン3世《せい》は、「ツァーリ（かつてローマ帝国《ていこく》で皇帝《こうてい》の称号《しょうごう》として使《つか》われた〝カエサル〟のロシア語読《ごよ》み）」を名乗《なの》り、強大《きょうだい》な権力《けんりょく》を手《て》にしました。

その孫《まご》イワン4世《せい》は、ギリシャやロシア帝国《ていこく》、ルーマニアなどの東《ひがし》ヨーロッパに広《ひろ》がっていたキリスト教《きょう》の一派《いっぱ》、正教会《せいきょうかい》の最高指導者《さいこうしどうしゃ》もになうようにな

エカチェリーナ2世《せい》
（1729年《ねん》～1796年《ねん》）

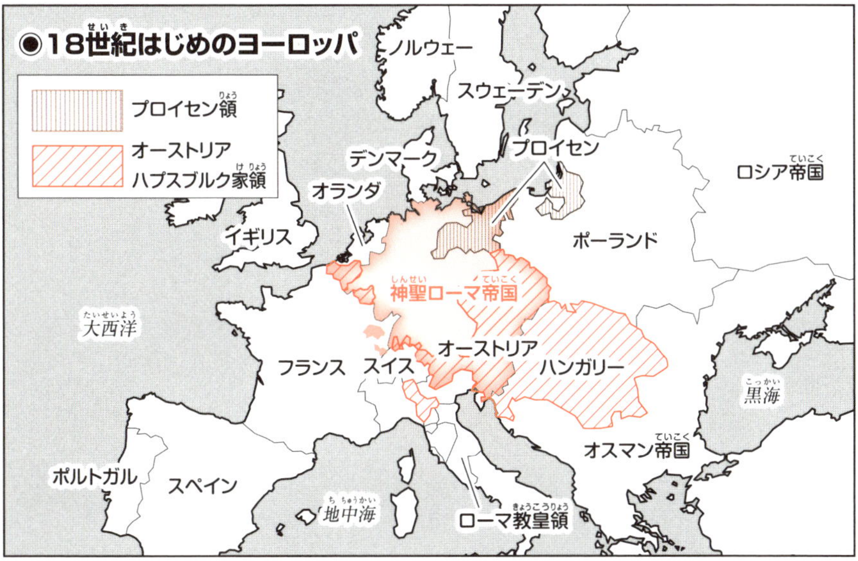

り、政治《せいじ》と宗教《しゅうきょう》の両面《りょうめん》でトップに立《た》ちました。

さらにイワン4世《せい》は、多《おお》くの大貴族《だいきぞく》たちから力《ちから》をうばい、権力《けんりょく》をツァーリに集中《しゅうちゅう》させました。同時《どうじ》に戦士階級《せんしかいきゅう》を手厚《てあつ》くもてなし、戦争《せんそう》に強《つよ》い国《くに》づくりを進《すす》めました。こうしたことから、「雷帝《らいてい》」とよばれておそれられました。

ロシア帝国《ていこく》をはじめとする東《ひがし》ヨーロッパの国《くに》ぐには、産業《さんぎょう》や科学技術《かがくぎじゅつ》の面《めん》では西《にし》ヨーロッパに後《おく》れをとっていました。17世紀末《せいきまつ》、ツァーリの位《くらい》についたピョートル1世《せい》は、身分《みぶん》を隠《かく》して西《にし》ヨーロッパの

啓蒙専制君主《けいもうせんせいくんしゅ》

17世紀後半《せいきこうはん》から18世紀《せいき》にかけて、人《ひと》はみな平等《びょうどう》であるという考《かんが》えに立《た》って科学的《かがくてき》な考《かんが》え方《かた》を重視《じゅうし》し、迷信《めいしん》や古《ふる》いしきたりを否定《ひてい》する「啓蒙思想《けいもうしそう》」が起《お》こりました。それは、貴族《きぞく》たちの特権《とっけん》をおびやかす考《かんが》え方《かた》でした。しかしエカチェリーナ2世《せい》は、積極的《せっきょくてき》に啓蒙思想《けいもうしそう》をとなえていた、ルソーやボルテールらフランスの思想《しそう》家《か》たちの意見《いけん》を参考《さんこう》にして、国《くに》の近代化《きんだいか》を進《すす》めました。そうした姿勢《しせい》の君主《くんしゅ》は「啓蒙専制君主《けいもうせんせいくんしゅ》」とよばれています。

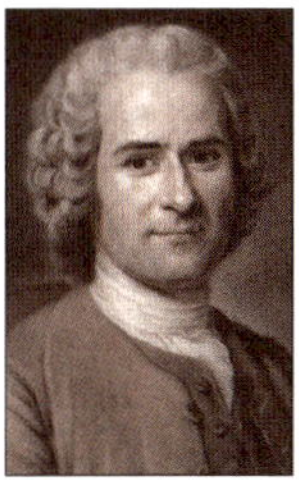
ルソー

ボルテール

国《くに》ぐにを旅《たび》し、最新《さいしん》の科学《かがく》技術《ぎじゅつ》や医学《いがく》などを見聞《けんぶん》しました。それらを積極的《せっきょくてき》に取《と》り入《い》れることで、ピョートル1世《せい》はロシア帝国《ていこく》を強化《きょうか》することにつとめたのです。その後《ご》、首都《しゅと》をサンクトペテルブルクに移《うつ》したロシア帝国《ていこく》は、１７２１年《ねん》、スウェーデンとの21年間《ねんかん》にもおよぶ北方戦争《ほっぽうせんそう》に勝利《しょうり》しました。こうして東《ひがし》ヨーロッパでの影響力《えいきょうりょく》を強《つよ》めていったロシア帝国《ていこく》は、西《にし》ヨーロッパの国《くに》ぐにともわたり合《あ》うようになりました。

産業革命《さんぎょうかくめい》のきっかけとなった、ワットの蒸気機関《じょうききかん》 ©Nicolàs Pérez

一方《いっぽう》、18世紀後半《せいきこうはん》、イギリスで蒸気機関《じょうききかん》が実用化《じつようか》されました。機械化《きかいか》された工場《こうじょう》で、それまでよりも短《みじか》い時間《じかん》で大量《たいりょう》に品物《しなもの》がつくられるようになり、鉄道《てつどう》を使《つか》って、速《はや》く遠《とお》くまで品物《しなもの》を届《とど》けられるようになったのです。

こうした社会《しゃかい》の変化《へんか》は、「産業革命《さんぎょうかくめい》」とよばれました。この時期《じき》にロシア皇帝《こうてい》となったエカチェリーナ2世《せい》も、近代化《きんだいか》の波《なみ》に乗《の》りおくれまいと、経済《けいざい》を発展《はってん》させるためのさまざまな改革《かいかく》をおこないました。

ピョートル1世《せい》（1672年《ねん》～1725年《ねん》）
身長《しんちょう》2メートルを超《こ》える大男《おおおとこ》で、その見《み》た目《め》と功績《こうせき》から、「ピョートル大帝《たいてい》」ともよばれています。

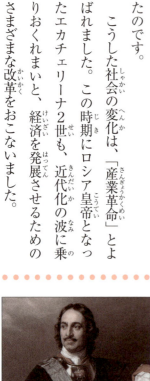

領土《りょうど》の拡大《かくだい》

強大《きょうだい》なオスマン帝国《ていこく》におびやかされ続《つづ》けていた東《ひがし》ヨーロッパは、国内《こくない》の産業《さんぎょう》に思《おも》うように力《ちから》をそそぐことができず、発展《はってん》がおくれぎみでした。

しかし、イワン4世《せい》やピョートル1世《せい》らが軍事力《ぐんじりょく》を強化《きょうか》してきたおかげで、ロシア帝国《ていこく》はエカチェリーナ2世《せい》のもとで、オスマン帝国《ていこく》を打《う》ち破《やぶ》るまでになりました。その結果《けっか》、ウクライナ地方《ちほう》やクリミア半島《はんとう》を手《て》に入《い》れ、南《みなみ》にむかって領土《りょうど》を広《ひろ》げました。

さらにエカチェリーナ2世《せい》は、プロイセン、オーストリアとの間《あいだ》で三度《さんど》にわたっておこなわれた、ポーランドの領土分割《りょうどぶんかつ》を有利《ゆうり》に進《すす》め、西《にし》ヨーロッパにも国土《こくど》を広《ひろ》げることに成功《せいこう》しました。

エカチェリーナ2世《せい》がロシア帝国《ていこく》の領土《りょうど》を大《おお》きく広《ひろ》げたことで、西《にし》ヨーロッパの国《くに》ぐにも、ロシア帝国《ていこく》を自分《じぶん》たちと肩《かた》をならべる強国《きょうこく》と認《みと》めざるをえなくなったのです。

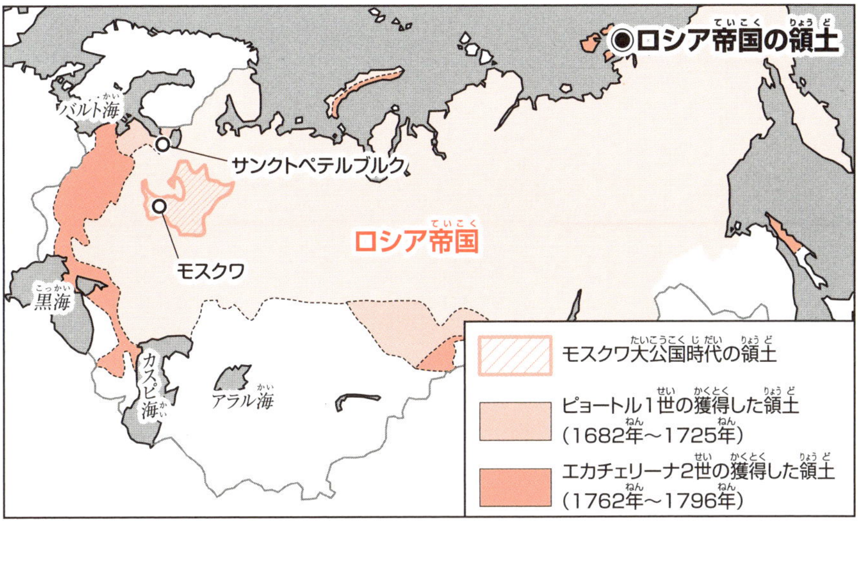

基礎知識《きそちしき》
解説《かいせつ》

ロシア帝国周辺《ていこくしゅうへん》の国《くに》ぐに

ロシア帝国《ていこく》が力《ちから》をつけたことで、ヨーロッパの国《くに》ぐにの力関係《ちからかんけい》は大《おお》きく変《か》わりました。

プロイセン

ドイツは、17世紀《せいき》に起《お》こった三十年戦争《さんじゅうねんせんそう》で長《なが》い間戦場《あいだせんじょう》となり、およそ300の小《ちい》さな国《くに》に分《わ》かれていました。そのドイツをふたたびまとめあげたのが、プロイセンとオーストリアでした。

１７４０年《ねん》に即位《そくい》したプロイセンのフリードリヒ２世《せい》は、啓蒙専制君主《けいもうせんせいくんしゅ》のひとりです。農民《のうみん》を保護《ほご》して国内《こくない》を安定《あんてい》させる一方《いっぽう》、早《はや》くから産業革命《さんぎょうかくめい》に対応《たいおう》して近代化《きんだいか》を進《すす》め、軍隊《ぐんたい》も強化《きょうか》しました。

急速《きゅうそく》に力《ちから》をつけてきたロシア帝国《ていこく》が、強敵《きょうてき》オスマン帝国《ていこく》を破《やぶ》ったのを見《み》たフリードリヒ2世《せい》は、やがてロシア帝国《ていこく》は西《にし》ヨーロッパにむかって領土《りょうど》を広《ひろ》げてくるだろうと考《かんが》えていました。

ポーランド分割《ぶんかつ》を描《えが》いた風刺画《ふうしが》（1772年《ねん》）。左《ひだり》からロシア帝国《ていこく》（エカチェリーナ2世《せい》）、ポーランド（スタニスワフ2世《せい》）、オーストリア（ヨーゼフ2世《せい》）、プロイセン（フリードリヒ2世《せい》）。

その時《とき》、最初《さいしょ》にねらわれるのは、ロシア帝国《ていこく》のすぐ西《にし》に位置《いち》していたポーランドです。当時《とうじ》のポーランドは国内《こくない》の政治《せいじ》が不安定《ふあんてい》で、戦争《せんそう》になればたちまち征服《せいふく》されてしまうおそれがありました。

そこでフリードリヒ2世《せい》は、ロシア帝国《ていこく》とオーストリアによびかけ、ポーランドの領土《りょうど》のうち、それぞれの国境《こっきょう》に近《ちか》い地域《ちいき》を切《き》り取《と》って自分《じぶん》の領土《りょうど》に加《くわ》えようと提案《ていあん》しました。ポーランドをまるまるロシア帝国《ていこく》に取《と》られてしまうよりは、とりあえずそれで満足《まんぞく》してもらうほうが得《とく》だと考《かんが》えたのです。

オーストリア

15世紀《せいき》以降《いこう》、神聖《しんせい》ローマ皇帝《こうてい》の位《くらい》を代《だい》だい受《う》け継《つ》いできたのが、オーストリアの名門《めいもん》貴族《きぞく》だったハプスブルク家《け》です。

神聖《しんせい》ローマ帝国《ていこく》は、国境《こっきょう》を接《せっ》するフランスやオスマン帝国《ていこく》といく度《ど》となく戦《たたか》いながら、17世紀《せいき》の終《お》わりにはハンガリーも支配《しはい》し、西《にし》ヨーロッパを代表《だいひょう》する強国《きょうこく》のひとつになっていました。

ところが1740年《ねん》、当時《とうじ》の皇帝《こうてい》カール6世《せい》が亡《な》くなると、広大《こうだい》な領土《りょうど》を持《も》つハプスブルク家《け》を相続《そうぞく》できる男子《だんし》がいなくなってしまいました。そこでハプ

フリードリヒ2世《せい》
(1712年《ねん》〜1786年《ねん》)

マリア・テレジア
(1717年《ねん》〜1780年《ねん》)

スブルク家《け》を受《う》け継《つ》いだのが、カール6世《せい》の娘《むすめ》マリア・テレジアでした。

これにフランスやプロイセンが反対《はんたい》し、オーストリア継承戦争《けいしょうせんそう》が起《お》こります。結局《けっきょく》マリア・テレジアはハプスブルク家《け》を継承《けいしょう》し、その夫《おっと》が神聖《しんせい》ローマ帝国《ていこく》の皇帝《こうてい》となりましたが、領土《りょうど》の一部《いちぶ》を失《うしな》ってしまいました。

その後《ご》のマリア・テレジアは啓蒙専制君主《けいもうせんせいくんしゅ》のひとりとして、農《のう》業改革《ぎょうかいかく》や軍隊《ぐんたい》の強化《きょうか》などにつとめました。この政策《せいさく》は、息子《むすこ》のヨーゼフ2世《せい》にも受《う》け継《つ》がれました。

ポーランド

中央《ちゅうおう》ヨーロッパに位置《いち》するポーランドは、16世紀後半《せいきこうはん》にそれまでの王朝《おうちょう》がとだえて以降《いこう》、国力《こくりょく》が弱《よわ》まりつつありました。

貴族《きぞく》たちは、農民《のうみん》を働《はたら》かせて得《え》た穀物《こくもつ》を西《にし》ヨーロッパに売《う》って、ぜいたくな暮《く》らしをしていました。その一方《いっぽう》で農民《のうみん》たちの生活《せいかつ》は苦《くる》しく、国内《こくない》には深刻《しんこく》な貧富《ひんぷ》の差《さ》がある状態《じょうたい》でした。

マリア・テレジアとその家族《かぞく》
（1756年《ねん》）
椅子《いす》に座《すわ》る左右《さゆう》の人物《じんぶつ》のうち、右《みぎ》がマリア・テレジア、左《ひだり》が夫《おっと》のフランツ1世《せい》。ふたりの間《あいだ》（中央《ちゅうおう》やや右《みぎ》）に立《た》っている少年《しょうねん》が息子《むすこ》のヨーゼフ2世《せい》です。マリア・テレジアは16人《にん》の子《こ》どもをもうけました。その娘《むすめ》のひとりが、のちにフランス王妃《おうひ》となるマリー・アントワネットです。

そのため、次《つぎ》の王《おう》を決《き》める選挙《せんきょ》があるたびに、国内《こくない》ははげしく混乱《こんらん》しました。ロシア帝国《ていこく》、プロイセン、オーストリアによるポーランド分割《ぶんかつ》を招《まね》いたのも、このように国《くに》としてのまとまりを欠《か》いていたことにあったのです。

オスマン帝国《ていこく》

オスマン帝国《ていこく》は、13世紀《せいき》に西《にし》アジアに建国《けんこく》されたイスラム国家《こっか》です。地中海《ちちゅうかい》の東沿岸《ひがしえんがん》を拠点《きょてん》として、強大《きょうだい》な軍事力《ぐんじりょく》を武器《ぶき》に、たびたびヨーロッパに侵攻《しんこう》しました。ヨーロッパとアジアを結《むす》ぶ交易《こうえき》の中間地点《ちゅうかんちてん》でもあったことから、軍事力《ぐんじりょく》だけでなく、経済《けいざい》や文化《ぶんか》の面《めん》でも大《おお》きな力《ちから》を持《も》っていたオスマン帝国《ていこく》は、とくに東《ひがし》ヨーロッパの国《くに》ぐににとっては大《おお》きな脅威《きょうい》でした。

エカチェリーナ2世《せい》は、この帝国《ていこく》を相手《あいて》に1768年《ねん》～1774年《ねん》と1787年《ねん》～1792年《ねん》の2度《ど》にわたって戦《たたか》い、勝利《しょうり》をおさめました。

◉18世紀《せいき》のオスマン帝国《ていこく》の領土《りょうど》

ポーランドの分割《ぶんかつ》と消滅《しょうめつ》

分割《ぶんかつ》される前《まえ》のポーランド

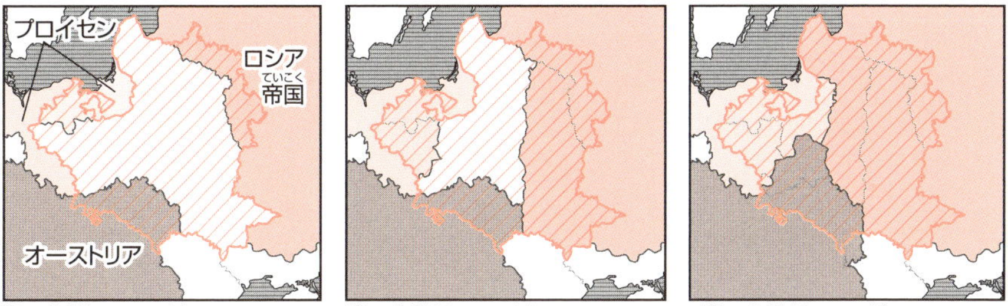

第《だい》一次《じ》分割《ぶんかつ》(1772年《ねん》)　第《だい》二次《じ》分割《ぶんかつ》(1793年《ねん》)　第《だい》三次《じ》分割《ぶんかつ》(1795年《ねん》)

基礎知識《きそちしき》
解説《かいせつ》

エカチェリーナ2世《せい》を支《ささ》えた人《ひと》びと

世界《せかい》がはげしく動《うご》く時代《じだい》、ロシア帝国《ていこく》のかじをとるエカチェリーナ2世《せい》を支《ささ》えた人《ひと》びとを紹介《しょうかい》します。

グリゴリー・オルロフ

1734年《ねん》生《う》まれ
1783年没《ねんぼつ》

グリゴリー・オルロフは、オーストリアのマリア・テレジアがプロイセンと始《はじ》めた七年戦争《しちねんせんそう》（1756年《ねん》～1763年《ねん》）で活躍《かつやく》した軍人《ぐんじん》です。

戦地《せんち》から帰《かえ》ってきたオルロフは、サンクトペテルブルクで軍《ぐん》の仕事《しごと》についていた時《とき》にエカチェリーナ2世《せい》と恋《こい》に落《お》ちました。エカチェリーナ2世《せい》が、夫《おっと》のピョートル3世《せい》に対《たい》してクーデターを起《お》こした時《とき》、兄《あに》やふたりの弟《おとうと》とともに中心人物《ちゅうしんじんぶつ》として活躍《かつやく》したことから、

農奴《のうど》の反乱《はんらん》

社会《しゃかい》が近代化《きんだいか》される前《まえ》、ロシア農民《のうみん》の多《おお》くは「農奴《のうど》」とよばれる立場《たちば》の人《ひと》びとでした。18世紀後半《せいきこうはん》になると、農奴《のうど》は自分《じぶん》たちが不公平《ふこうへい》にあつかわれているということに気《き》づき、貴族《きぞく》たちに対《たい》して反乱《はんらん》を起《お》こすようになりました。
ロシア帝国《ていこく》では1773年《ねん》、11年前《ねんまえ》に亡《な》くなったはずのピョートル3世《せい》に化《ば》けた、プガチョフという農奴《のうど》が大《おお》きな反乱《はんらん》を引《ひ》き起《お》こしました。反乱《はんらん》をおさめるためには1年以上《ねんいじょう》の月日《つきひ》が必要《ひつよう》でした。

「オルロフ四兄弟《よんきょうだい》」とよばれています（オルロフ家《け》には男子《だんし》が5人《にん》いましたが、末《すえ》の弟《おとうと》はクーデター当時《とうじ》に未成年《みせいねん》だったため、人数《にんずう》に含《ふく》まれていません）。オルロフは、即位《そくい》したばかりのエカチェリーナ2世《せい》を支《ささ》える側近《そっきん》として、大《おお》きな力《ちから》を持《も》ちました。のちに彼《かれ》がエカチェリーナ2世《せい》に贈《おく》った世界最大級《せかいさいだいきゅう》のダイヤモンドは、彼《かれ》の名《な》をとって「オルロフ」と名《な》づけられています。

グリゴリー・ポチョムキン

1739年生《ねんう》まれ
1791年没《ねんぼつ》

エカチェリーナ2世《せい》より10歳年下《さいとしした》のポチョムキンは、1773年《ねん》のプガチョフの農民反乱《のうみんはんらん》をおさめるために活躍《かつやく》したことで、エカチェリーナ2世《せい》のそばに仕《つか》えるようになりました。

当時《とうじ》、エカチェリーナ2世《せい》とグリゴリー・オルロフの恋《こい》は終《お》わりをむかえていました。新《あら》たな恋人《こいびと》となったポチョムキンは、あらゆる面《めん》でエカチェリーナ2世《せい》をサポートするようになりました。

1162通《つう》のラブレター

それぞれの立場上《たちばじょう》、正式《せいしき》に結婚《けっこん》することはなかったエカチェリーナ2世《せい》とポチョムキンでしたが、その愛情《あいじょう》は夫婦同然《ふうふどうぜん》でした。
ふたりが交《か》わした1162通《つう》ものラブレターは、モスクワにあるロシア国立公文書館《こくりつこうぶんしょかん》に保管《ほかん》されています。

ポチョムキンは、オスマン帝国《ていこく》との戦《たたか》いの末《すえ》にクリミア半島《はんとう》を勝《か》ちとり、黒海《こっかい》を完全《かんぜん》にロシア帝国《ていこく》の領土《りょうど》に取《と》りこむことに成功《せいこう》しました。これが、ロシア帝国《ていこく》の海軍《かいぐん》を強化《きょうか》するきっかけのひとつになりました。

エカチェリーナ・ダーシコワ

1744年《ねん》生《う》まれ
1810年《ねん》没《ぼつ》

ロシア帝国《ていこく》の伯爵家《はくしゃくけ》に生《う》まれ、幼《おさな》い頃《ころ》から学問《がくもん》や芸術《げいじゅつ》の才能《さいのう》を発揮《はっき》していたエカチェリーナ・ダーシコワは、皇太子妃《こうたいしひ》だったエカチェリーナ2世《せい》と出会《であ》い、親《した》しくなりました。

ピョートル3世《せい》をたおしたクーデターでは、オルロフ兄弟《きょうだい》を仲間《なかま》に引《ひ》き入《い》れるなど、みずから中心的《ちゅうしんてき》な役割《やくわり》をはたしました。

のちにロシア語《ご》を研究《けんきゅう》するロシア・アカデミーの総裁《そうさい》と、ロシア科学《かがく》アカデミーの院長《いんちょう》を兼任《けんにん》し、エカチェリーナ2世《せい》の文化《ぶんか》・教育《きょういく》・科学政策《かがくせいさく》を手助《てだす》けしました。

ロシア科学《かがく》アカデミー

ダーシコワ夫人《ふじん》が院長《いんちょう》をつとめたロシア科学《かがく》アカデミーは、1724年《ねん》、ヨーロッパの科学技術《かがくぎじゅつ》を取《と》り入《い》れようとしたピョートル1世《せい》によって設立《せつりつ》されました。時代《じだい》によって名称《めいしょう》は変《か》わりましたが、約《やく》300年《ねん》の歴史《れきし》を誇《ほこ》るロシア最高《さいこう》の学術組織《がくじゅつそしき》です。物理学《ぶつりがく》や生物学《せいぶつがく》、天文学《てんもんがく》、経済学《けいざいがく》、言語学《げんごがく》など、さまざまな分野《ぶんや》で活躍《かつやく》するたくさんの学者《がくしゃ》たちが会員《かいいん》となっています。外国《がいこく》人会員《じんかいいん》のなかには、日本人《にほんじん》の学者《がくしゃ》もいます。

©VLADJ55/PIXTA

基礎知識《きそちしき》
解説《かいせつ》

エカチェリーナ2世《せい》と日本人《にほんじん》

日本《にほん》が鎖国《さこく》をおこなっていた江戸時代《えどじだい》、エカチェリーナ2世《せい》と対面《たいめん》した日本人《にほんじん》がいました。

大黒屋光太夫《だいこくやこうだゆう》
1751年《ねん》生《う》まれ
1828年没《ねんぼつ》

天明《てんめい》2年《ねん》（1782年《ねん》）、伊勢国《いせのくに》・白子《しろこ》（現在《げんざい》の三重県鈴鹿市《みえけんすずかし》）を出港《しゅっこう》した船《ふね》が、嵐《あらし》にあい遭難《そうなん》しました。船《ふね》は北《きた》へと流《なが》され、約《やく》7か月後《げつご》に小《ち》さな島《しま》にたどり着《つ》きました。この船《ふね》に乗《の》っていた大黒屋光太夫《だいこくやこうだゆう》ほか、生《い》き残《のこ》った船乗《ふなの》りたちは、どうにかして日本《にほん》に帰《かえ》ろうと旅《たび》を続《つづ》けます。そうしてたどり着《つ》いたのが、エカチェリーナ2世《せい》の治《おさ》めるロシア帝国《ていこく》でした。

エカチェリーナ2世《せい》に謁見《えっけん》した光太夫《こうだゆう》は帰国《きこく》をゆるされ、日本《にほん》を出《で》てから10年後《ねんご》の寛政《かんせい》4年《ねん》（1792年《ねん》）、ロシア帝国《ていこく》の使節団《しせつだん》とともに北海道《ほっかいどう》の根室《ねむろ》に着《つ》いたのです。彼《かれ》は時《とき》の将軍《しょうぐん》、徳川家斉《とくがわいえなり》の前《まえ》でロシア帝国《ていこく》の情勢《じょうせい》を語《かた》ります。これをきっかけに、幕府《ばくふ》は北《きた》の守《まも》りを固《かた》めるようになりました。

ロシア帝国《ていこく》を見聞《けんぶん》した光太夫《こうだゆう》

三重県鈴鹿市《みえけんすずかし》の商家《しょうか》に生《う》まれた光太夫《こうだゆう》は、貨物船《かもつせん》・神昌丸《しんしょうまる》の船頭《せんどう》として江戸《えど》にむかう途中《とちゅう》、台風《たいふう》にあって漂流《ひょうりゅう》しました。アリューシャン列島《れっとう》のアムチトカ島《とう》に着《つ》き、ロシア人《じん》に助《たす》けられて生活《せいかつ》しながらロシア語《ご》を習得《しゅうとく》。その後《ご》、ロシア政府《せいふ》に帰国《きこく》を願《ねが》うため極寒《ごっかん》のシベリアをわたり、サンクトペテルブルクにたどり着《つ》きました。日本《にほん》に帰国《きこく》した光太夫《こうだゆう》の話《はなし》を記録《きろく》した『北槎聞略《ほくさぶんりゃく》』が残《のこ》っています。

基礎知識《きそちしき》
解説《かいせつ》

美《び》の殿堂《でんどう》・エルミタージュ美術館《びじゅつかん》

エカチェリーナ2世《せい》が建《た》てたエルミタージュ美術館《びじゅつかん》に保管《ほかん》されている、さまざまな芸術品《げいじゅつひん》を見《み》てみましょう。

エカチェリーナ2世《せい》の隠《かく》れ家《が》

「エルミタージュ」とは、フランス語《ご》で「隠《かく》れ家《が》」を意味《いみ》します。エルミタージュ美術館《びじゅつかん》は、エカチェリーナ2世《せい》が外国《がいこく》から買《か》い取《と》った美術品《びじゅつひん》を収蔵《しゅうぞう》するため、宮殿《きゅうでん》のとなりに別館《べっかん》（小《しょう》エルミタージュ）を建《た》てたことから始《はじ》まりました。そこは、大国《たいこく》の君主《くんしゅ》として重《おも》い責任《せきにん》を負《お》っていた彼女《かのじょ》が、ひとりの女性《じょせい》にもどれる文字《もじ》どおりの「隠《かく》れ家《が》」でもありました。

その後《ご》、歴代《れきだい》のロシア皇帝《こうてい》がここに美術品《びじゅつひん》をふやしていったことで、しだいに規模《きぼ》が大《おお》きくなっていきます。

5つの建物《たてもの》で構成《こうせい》されるようになった現在《げんざい》では、パリのルーブル美術館《びじゅつかん》とならんでヨーロッパ最大《さいだい》の美術館《びじゅつかん》となっています。

エルミタージュ美術館《びじゅつかん》の外観《がいかん》（右《みぎ》）と内装《ないそう》（左《ひだり》）。

エルミタージュ美術館《びじゅつかん》の収蔵品《しゅうぞうひん》

ロシア皇帝《こうてい》の王冠《おうかん》

孔雀時計《くじゃくどけい》　ジェームズ・コックス 作《さく》

リッタの聖母《せいぼ》

レオナルド・
ダ・ヴィンチ 作《さく》

三美神《さんびしん》

アントニオ・
カノーヴァ 作《さく》

放蕩息子《ほうとうむすこ》の帰還《きかん》

レンブラント 作《さく》

基礎知識《きそちしき》
年表《ねんぴょう》

エカチェリーナ2世《せい》の生《い》きた時代《じだい》

年表《ねんぴょう》の見方《みかた》
年齢《ねんれい》はその年《とし》の満年齢《まんねんれい》を表《あらわ》しています。

西暦《せいれき》	年齢《ねんれい》	エカチェリーナ2世《せい》の生涯《しょうがい》	世界《せかい》と日本《にほん》の主《おも》な出来事《できごと》
1729年《ねん》		5月2日《がつふつか》、ドイツ貴族《きぞく》の父《ちち》クリスティアン・アウグストと母《はは》ヨハンナ・エリーザベトの娘《むすめ》ゾフィー・アウグステ・フリーデリケとして生《う》まれる。	
1739年《ねん》	10歳《さい》	ホルシュタイン公爵《こうしゃく》カール・ペーター・ウルリヒ（のちのロシア皇太子《こうたいし》ピョートル）と出会《であ》う。	
1744年《ねん》	15歳《さい》	1月《がつ》、ロシア帝国《ていこく》の皇帝《こうてい》エリザベータに招《まね》かれ、モスクワにむけて旅立《たびだ》つ。 2月《がつ》、皇帝《こうてい》エリザベータに謁見《えっけん》する。母《はは》ヨハンナとともに、聖《せい》エカチェリーナ勲章《くんしょう》を授《さず》けられる。 6月《がつ》、ロシア正教会《せいきょうかい》に改宗《かいしゅう》。エカチェリーナ・アレクセーエブナと改名《かいめい》し、ロシア皇太子《こうたいし》ピョートルと婚約《こんやく》する。 11月《がつ》、モスクワからサンクトペテルブルクの宮殿《きゅうでん》に移《うつ》る。	

1745年《ねん》	16歳《さい》	8月《がつ》、皇太子《こうたいし》ピョートルと結婚《けっこん》。カザン大聖堂《だいせいどう》で結婚式《けっこんしき》がおこなわれる。	フランツ1世《せい》が神聖《しんせい》ローマ帝《てい》国皇帝《こくこうてい》に即位《そくい》する。
1752年《ねん》	23歳《さい》	ピョートルの近習《きんじゅ》セルゲイ・サルトゥイコフと恋《こい》に落《お》ちる。	アメリカで、ベンジャミン・フランクリンが、雷《かみなり》が電気《でんき》であることを明《あき》らかにする。
1754年《ねん》	25歳《さい》	9月《がつ》、長男《ちょうなん》パーベルが生《う》まれる。サルトゥイコフがロシア帝国《ていこく》を去《さ》る。	オスマン3世《せい》、第《だい》25代《だい》オスマン帝国《ていこく》スルタンとなる。
1755年《ねん》	26歳《さい》	イギリス大使《たいし》の秘書《ひしょ》をつとめるポーランド貴族《きぞく》スタニスワフ・ポニャトフスキと恋《こい》に落《お》ちる。	オーストリアで、皇女《こうじょ》マリー・アントワネットが生《う》まれる。
1757年《ねん》	28歳《さい》	12月《がつ》、女児《じょじ》アンナが生《う》まれるが、1759年《ねん》に亡《な》くなる。	ロシア帝国《ていこく》がプロイセンに宣戦《せんせん》し、七年戦争《しちねんせんそう》に参戦《さんせん》する。ムスタファ3世《せい》、第《だい》26代《だい》オスマン帝国《ていこく》スルタンとなる。
1758年《ねん》	29歳《さい》	エカチェリーナ・ボロンツォワ(のちのダーシコワ夫人《ふじん》)と出会《であ》う。ポニャトフスキの帰国《きこく》により、恋人関係《こいびとかんけい》が終《お》わる。	

西暦《せいれき》	年齢《ねんれい》	エカチェリーナ2世《せい》の生涯《しょうがい》	世界《せかい》と日本《にほん》の主《おも》な出来事《できごと》
1760年《ねん》	31歳《さい》	近衛連隊《このえれんたい》に所属《しょぞく》するオルロフ兄弟《きょうだい》の次男《じなん》グリゴリー・オルロフと出会《であ》い、恋《こい》に落《お》ちる。	日本《にほん》で、浮世絵師《うきよえし》の葛飾北斎《かつしかほくさい》が生《う》まれる。
1761年《ねん》	32歳《さい》	12月《がつ》、皇帝《こうてい》エリザベータが亡《な》くなり、ピョートルが即位《そくい》する（ピョートル3世《せい》）。エカチェリーナは皇后《こうごう》となる。	
1762年《ねん》	33歳《さい》	2月《がつ》、ピョートル3世《せい》の命令《めいれい》で、エリザベータ・ボロンツォワに聖《せい》エカチェリーナ勲章《くんしょう》を授与《じゅよ》する。 4月《がつ》、次男《じなん》アレクセイが生《う》まれる。 6月《がつ》28日《にち》、オルロフ兄弟《きょうだい》やダーシコワ夫人《ふじん》らの協力《きょうりょく》でクーデターを起《お》こす。 6月《がつ》29日《にち》、皇帝《こうてい》エカチェリーナ2世《せい》として即位《そくい》する。 7月《がつ》、ピョートル3世《せい》が亡《な》くなる。 ピョートル3世《せい》が結《むす》んだプロイセンとの同盟《どうめい》を破棄《はき》する。 8月《がつ》、鉱山《こうざん》で働《はたら》く農奴《のうど》の非人道的《ひじんどうてき》なあつかいを改《あらた》めさせる勅令《ちょくれい》を出《だ》す。ピョートル3世《せい》がおこなった、教会《きょうかい》の財産《ざいさん》を差《さ》し押《お》さえる命令《めいれい》を撤回《てっかい》する。 9月《がつ》、モスクワ、クレムリンのウスペンスキー大聖堂《だいせいどう》で戴冠式《たいかんしき》をおこなう。	 

1763年《ねん》	34歳《さい》	ロシア初《はつ》の医学校《いがっこう》を創設《そうせつ》する。 モスクワに養護施設《ようごしせつ》と産院《さんいん》を開《ひら》く。 元老院《げんろういん》の改革《かいかく》に着手《ちゃくしゅ》する。 フランスの作家《さっか》・啓蒙思想家《けいもうしそうか》ボルテールと文通《ぶんつう》を始《はじ》める。	1756年《ねん》から、オーストリアとプロイセンとの間《あいだ》でくり広《ひろ》げられた七年戦争《しちねんせんそう》が終《お》わる（ロシア帝国《ていこく》はオーストリアと同盟《どうめい》）。
1764年《ねん》	35歳《さい》	2月《がつ》、教会《きょうかい》と修道院《しゅうどういん》の財産《ざいさん》の国有化《こくゆうか》を決定《けってい》する。 ロシア初《はつ》の女子《じょし》のための教育施設《きょういくしせつ》、スモーリヌイ修道院《しゅうどういん》と寄宿学校《きしゅくがっこう》を創設《そうせつ》する。 エルミタージュの建設《けんせつ》を開始《かいし》する。	
1765年《ねん》	36歳《さい》	新《あたら》しい法律《ほうりつ》をつくるための指示書《しじしょ》『大訓令《だいくんれい》』の執筆《しっぴつ》を始《はじ》める。	この頃《ころ》、イギリスで産業革命《さんぎょうかくめい》が始《はじ》まる。 ヨーゼフ2世《せい》が神聖《しんせい》ローマ帝《てい》国皇帝《こくこうてい》に即位《そくい》する。
1766年《ねん》	37歳《さい》	7月《がつ》、ロシア帝国《ていこく》、イギリスと通商条約《つうしょうじょうやく》を結《むす》ぶ。	
1767年《ねん》	38歳《さい》	ロシア帝国《ていこく》、プロイセンと同盟条約《どうめいじょうやく》を結《むす》ぶ。 モスクワで『大訓令《だいくんれい》』が刊行《かんこう》される。	

西暦《せいれき》	年齢《ねんれい》	エカチェリーナ2世《せい》の生涯《しょうがい》	世界《せかい》と日本《にほん》の主《おも》な出来事《できごと》
1768年《ねん》	39歳《さい》	オスマン帝国《ていこく》の宣戦布告《せんせんふこく》を受《う》け、第《だい》一次《じ》ロシア・トルコ戦《せん》争《そう》が始《はじ》まる。冬《ふゆ》、天然痘《てんねんとう》への予防《よぼう》として、種痘《しゅとう》（予防接種《よぼうせっしゅ》）をロシアではじめて受《う》ける。	
1772年《ねん》	43歳《さい》	プロイセンの提案《ていあん》を受《う》け、ポーランドの領土《りょうど》を、ロシア帝《てい》国《こく》、プロイセン、オーストリアの3か国《こく》で分割《ぶんかつ》する（第《だい》一次《じ》ポーランド分割《ぶんかつ》）。	
1773年《ねん》	44歳《さい》	フランスから啓蒙思想家《けいもうしそうか》ディドロを招《まね》く。9月《がつ》、長男《ちょうなん》パーベルが結婚《けっこん》する。	日本《にほん》で、江戸幕府《えどばくふ》十一代将軍《だいしょうぐん》、徳川家斉《とくがわいえなり》が生《う》まれる。
1774年《ねん》	45歳《さい》	ロシア軍人《ぐんじん》グリゴリー・ポチョムキンと恋《こい》に落《お》ちる。第《だい》一次《じ》ロシア・トルコ戦争《せんそう》が終《お》わる。エメリアン・プガチョフがピョートル3世《せい》を名乗《なの》って起《お》こした乱《らん》を制圧《せいあつ》する（プガチョフの農民反乱《のうみんはんらん》）。	日本《にほん》で、ドイツの医学書《いがくしょ》である『解体新書《かいたいしんしょ》』が杉田玄白《すぎたげんぱく》らの翻訳《ほんやく》で刊行《かんこう》される。
1777年《ねん》	48歳《さい》	パーベルに長男《ちょうなん》アレクサンドルが生《う》まれる。	
1783年《ねん》	54歳《さい》	クリミアの併合《へいごう》を宣言《せんげん》する。サンクトペテルブルクに師範学校《しはんがっこう》を創設《そうせつ》する。	アメリカ独立戦争《どくりつせんそう》が終結《しゅうけつ》する。

年	年齢	できごと	世界のできごと
1787年《ねん》	58歳《さい》	1月《がつ》、クリミアへ視察旅行《しさつりょこう》に出《で》かけ、7月《がつ》に帰還《きかん》する。8月《がつ》、第二次《だいじ》ロシア・トルコ戦争《せんそう》が始《はじ》まる。	
1791年《ねん》	62歳《さい》	10月《がつ》、グリゴリー・ポチョムキンが死去《しきょ》。オスマン帝国《ていこく》とヤシ条約《じょうやく》を結《むす》び、第二次《だいじ》ロシア・トルコ戦争《せんそう》が終《お》わる。大黒屋光太夫《だいこくやこうだゆう》と面会《めんかい》し、日本《にほん》への帰国《きこく》を許可《きょか》する。	
1792年《ねん》	63歳《さい》	ロシア軍人《ぐんじん》アダム・ラクスマンを日本《にほん》に派遣《はけん》する（ロシア初《はつ》の遣日使節《けんにちしせつ》）。	フランスで第一《だいいち》共和政《きょうわせい》が始《はじ》まる。
1793年《ねん》	64歳《さい》	ポーランドへ攻《せ》めこみ、ポーランドの領土《りょうど》を、ロシア帝国《ていこく》とプロイセンで分割《ぶんかつ》する（第二次《だいじ》ポーランド分割《ぶんかつ》）。	フランス国王《こくおう》ルイ16世《せい》と王妃《おうひ》マリー・アントワネットが処刑《しょけい》される。
1795年《ねん》	66歳《さい》	ロシア帝国《ていこく》、プロイセン、オーストリアの3か国《こく》で、ポーランドの領土《りょうど》の最後《さいご》の分割《ぶんかつ》をおこなう（第三次《だいじ》ポーランド分割《ぶんかつ》）。	
1796年《ねん》	67歳《さい》	11月5日《がついつか》、衣装室《いしょうしつ》でたおれ、翌6日《よくむいか》に亡《な》くなる。死後《しご》、首《しゅ》座使徒《ざしと》ペトル・パウェル大聖堂《だいせいどう》に埋葬《まいそう》される。	

参考文献

『エカチェリーナ大帝 ある女の肖像　上・下』

ロバート・K・マッシー著　北代美和子訳　白水社

『エカテリーナ二世 ―十八世紀、近代ロシアの大成者―　上・下』

エレーヌ・カレール=ダンコース著　志賀亮一訳　藤原書店

『女帝のロシア』

小野理子著　岩波書店

『マリー・アントワネットの宮廷画家 ルイーズ・ヴィジェ・ルブランの生涯』

石井美紀子著　河出書房新社

『図説 帝政ロシア 光と闇の二〇〇年』

土肥恒之著　河出書房新社

『世界歴史大系 ロシア史2 18世紀～19世紀』

田中陽児著　倉持俊一著　和田春樹著　山川出版社

『エカチェリーナ2世とその時代』

田中良英著　東洋書店

『エルミタージュ 館内ぶらり散歩』

Maria Lyzhenkova編　大久保加菜訳　Ivan Fiodorov

『The ROMANOVS　The Emperors of Russia』

Abris Art Publishers　St Petersburg・Peterhof 2007

漫画：迎 夏生（むかい・なつみ）

漫画家。著書は『コミック版フォーチュン・クエスト』『ワンダル・ワンダリング!』『迎夏生作品集 極東平原』『+ANIMA(プラスアニマ)』(すべてメディアワークス)、『Nu i!』(ジャイブ)、『コミック版　世界の伝記12　ベートーベン』『コミック版　世界の伝記21　エリザベス女王1世』『コミック版　世界の伝記26　クレオパトラ』『コミック版　世界の伝記31　クララ・シューマン』『コミック版　世界の伝記33　ルイ・ブライユ』『コミック版　世界の伝記34 マイヤ・プリセツカヤ』(すべてポプラ社)などがある。小説挿絵に『フォーチュン・クエスト』シリーズ、『IQ探偵タクト』(ともに深沢美潮著／ポプラ社)などがある。

監修：石井美樹子（いしい・みきこ）

1971年、津田塾大学大学院博士課程修了。イギリスのケンブリッジ大学で中世英文学・演劇を研究し、現在は神奈川大学名誉教授。文学博士。主な著書に『ルネサンスの女王エリザベス』（朝日新聞社）、『図説 ヨーロッパの王妃 』（河出書房新社）、『聖母のルネサンス―マリアはどう描かれたか』（岩波書店）、『マリー・アントワネットの宮廷画家　ルイーズ・ヴィジェ・ルブランの生涯』（河出書房新社）などがある。

本文イラスト／ank
編集協力／鈴木丈二（manic）

コミック版　世界の伝記㊱
エカチェリーナ2世

2017年5月　第1刷

漫画　迎 夏生
発行者　長谷川 均
編集　鍋島佐知子
発行所　株式会社ポプラ社
〒160-8565　東京都新宿区大京町 22-1
振替　00140-3-149271
電話　☎ 03-3357-2216（編集）
☎ 03-3357-2212（営業）
URL www.poplar.co.jp

印刷・製本　図書印刷株式会社

ⓒNatsumi Mukai 2017
ISBN978-4-591-15449-6　N.D.C.289　126 p　23cm　Printed in Japan

落丁本・乱丁本は送料小社負担にてお取り替えいたします。
小社製作部宛にご連絡下さい。
電話 0120-666-553　受付時間は月～金曜日、9:00～17:00（祝祭日は除く）
読者の皆様からのお便りをお待ちしております。
いただいたお便りは、児童書出版局から著者にお渡しいたします。
本書のコピー、スキャン、デジタル化等の無断複製は著作権法上での例外を除き禁じられています。
本書を代行業者等の第三者に依頼してスキャンやデジタル化することは、
たとえ個人や家庭内での利用であっても著作権法上認められておりません。

コミック版 世界の伝記

発明《はつめい》や発見《はっけん》、苦境《くきょう》の人《ひと》への献身《けんしん》、時代《じだい》ごとに輝《かがや》いていた偉人《いじん》の生涯《しょうがい》

①エジソン
②アンネ・フランク
③ナイチンゲール
④ヘレン・ケラー
⑤野口英世
⑥キュリー夫人
⑦福沢諭吉
⑧マザー・テレサ
⑨伊能忠敬
⑩ジャンヌ・ダルク
⑪コロンブス
⑫ベートーベン
⑬ガリレオ
⑭松尾芭蕉
⑮ガンジー
⑯ファーブル
⑰北里柴三郎
⑱樋口一葉
⑲ココ・シャネル
⑳宮沢賢治
㉑エリザベス女王1世
㉒円谷英二
㉓ライト兄弟
㉔石ノ森章太郎
㉕ウォルト・ディズニー
㉖クレオパトラ
㉗ノーベル
㉘マリー・アントワネット
㉙グレース・ケリー
㉚夏目漱石
㉛クララ・シューマン
㉜杉原千畝
㉝ルイ・ブライユ
㉞マイヤ・プリセツカヤ
㉟ゴッホ
㊱エカチェリーナ2世

◆以下続刊◆

母《はは》が私《わたし》のことを
美《うつく》しくないと言《い》うので、

私《わたし》の心《こころ》は、
少《すこ》しの間《あいだ》も

私《わたし》を支《ささ》えて
いたのは、
私《わたし》の自尊心《じそんしん》です。

あなたには、
なんのお世辞《せじ》も
要求《ようきゅう》していません。
私《わたし》はただ、
正直《しょうじき》な態度《たいど》と
仕事《しごと》の確《たし》かさだけを